Seiwald u.a.

Neue Wege des Haushaltsmanagements

Modernisierung des öffentlichen Sektors **Sonderband 40**

Herausgegeben von

Jörg **Bogumil**	Ruhr-Universität Bochum, Fakultät für Sozialwissenschaft
Dietrich **Budäus**	Universität Hamburg, Arbeitsbereich Public Management
Gisela **Färber**	Hochschule für Verwaltungswissenschaften, Speyer
Wolfgang **Gerstlberger**	University of Southern Denmark, Department of Marketing & Management, Research Group Integrative Innovation Management
Werner **Jann**	Universität Potsdam, Wirtschafts- und sozialwissenschaftliche Fakultät
Achim **Meerkamp**	Vereinte Dienstleistungsgewerkschaft, Bundesvorstand, Berlin
Renate **Meyer**	Wirtschaftsuniversität Wien, Institut für Public Management
Erika **Mezger**	Deputy Director, European Foundation for the Improvement of Living and Working Conditions (Eurofound), Dublin
Frieder **Naschold †**	Wissenschaftszentrum Berlin für Sozialforschung
Isabella **Proeller**	Universität Potsdam, Lehrstuhl für Public und Nonprofit Management
Christoph **Reichard**	Universität Potsdam, Wirtschafts- und sozialwissenschaftliche Fakultät
Karsten **Schneider**	DGB-Bundesvorstand, Leiter der Abteilung Beamte und Öffentlicher Dienst, Berlin
Heinrich **Tiemann**	Staatssekretär des Auswärtigen Amts a.D., Berlin
Dorothea **Voss**	Hans-Böckler-Stiftung, Abt. Forschungsförderung, Düsseldorf
Göttrik **Wewer**	Vice President E-Government bei der Deutsche Post Consult (DPC) GmbH., Bonn

Sprecher des Herausgeber/innen-Kreises: Christoph Reichard.

Gedruckt mit freundlicher Unterstützung der Hans-Böckler-Stiftung.

Johann Seiwald, Renate Meyer,
Gerhard Hammerschmid,
Isabell Egger-Peitler, Markus A. Höllerer

Neue Wege des Haushaltsmanagements

Internationale Erfahrungen, Herausforderungen und Trends

edition sigma

Die ‚gelbe Reihe' »Modernisierung des öffentlichen Sektors« im Internet:
www.gelbereihe.de

Bibliografische Information der Deutschen Nationalbibliothek

Die Deutsche Nationalbibliothek verzeichnet diese Publikation in der Deutschen Nationalbibliografie; detaillierte bibliografische Daten sind im Internet über http://dnb.d-nb.de abrufbar.

ISBN 978-3-8360-7290-8
ISSN 0948-2555

Druck: Rosch-Buch, Scheßlitz

Printed in Germany

Inhalt

Vorwort der Autoren

Die Modernisierung des Haushaltswesens hat in den letzten Jahren zunehmend an Dynamik gewonnen, sodass zuletzt auch bislang nicht unter diesem Begriff subsumierte Reformen und Veränderungsprozesse erfasst wurden. Modernisierungsbestrebungen beschränken sich nunmehr nicht länger auf die Einführung von Kosten- und Leistungsrechnung oder doppischer Rechnungslegung, mittel- und langfristige Budgetmodelle oder die Flexibilisierung bzw. verstärkte Ergebnisorientierung von Haushalten. Vielmehr entwickelt sich das Haushaltsmanagement zu einem umfassenden und integrativen Verwaltungsführungsinstrument. Ausgehend von der Abkehr von einer inputorientierten Steuerungslogik führt die Neuausrichtung des Haushaltswesens – den Prinzipien der Nachhaltigkeit und Ergebnisorientierung folgend – zu einer neuen Steuerungsphilosophie und inkludiert derart auch Aspekte des strategischen Managements sowie eines umfassenden Organisations- und Personalmanagements.

Der vorliegende Band versucht eine systematische Bestandsaufnahme internationaler sowie nationaler Trends, stellt Umsetzungserfahrungen vor und thematisiert zentrale Herausforderungen für eine erfolgreiche Umsetzung dieser neuen Ideen. Diskutiert werden insbesondere auch die erforderlichen Verknüpfungen der einzelnen Elemente des Haushaltswesens sowie Eckpunkte der Implementierung integrierter Systeme. Vorangestellt sollen drei Statements ausgewiesener Experten aus Deutschland, Österreich und der Schweiz die Aktualität und praktische Relevanz der hier behandelten Themen verdeutlichen und die unterschiedlichen Reformpfade und Reformprioritäten in den jeweiligen nationalen Kontexten skizzieren. Die drei Reformansätze unterstreichen die Notwendigkeit eines systematischen Überblicks über das breite und diverse Reformspektrum. Eine übersichtliche Aufbereitung – in der bewährten Tradition der Gelben Reihe – ist daher ein zentrales Anliegen des vorliegenden Bandes; wir hoffen, einen möglichst breiten Leserkreis anzusprechen und das Verständnis für die Wichtigkeit und Vielschichtigkeit des Themas zu fördern.

Bedanken möchten wir uns an dieser Stelle insbesondere bei *Christoph Reichard* – stellvertretend für die Herausgeber der Gelben Reihe – und einem anonymen Reviewer für die wertvollen Hinweise bei der Erstellung und Überarbeitung des Manuskripts, sowie bei *edition sigma* für die hervorragende Zusammenarbeit bei der Drucklegung.

Angemerkt sei schließlich noch, dass aus Gründen der besseren Lesbarkeit bei Funktionsbezeichnungen und personenbezogenen Ausdrücken stets nur die feminine oder maskuline Form Verwendung findet – wobei sich diese selbstverständlich gleichermaßen auf Frauen wie Männer bezieht.

Wien, im Oktober 2012 Die Autoren

Statements zur Haushaltsreform aus der Praxis

Sektionschef Dr. Gerhard Steger, Bundesministerium für Finanzen, Österreich

Vom Haushalt und vom Steuern

Die Finanzkrise und eine Vertrauenskrise gegenüber öffentlichen Haushalten prägen die aktuelle Lage. Gute Governance im Bereich der Haushaltssteuerung ist ein wesentliches Element, um Vertrauen in die Haushaltspolitik zu sichern oder zurück zu gewinnen. Es geht mithin um zwei Aspekte: einerseits den Haushalt selbst effektiv und effizient zu steuern und andererseits mit dem Haushalt Staat und Gesellschaft wirksam zu steuern.

Der erste der beiden Aspekte hat viel damit zu tun, Transparenz, Berechenbarkeit und Solidität der Haushaltspolitik zu gewährleisten. Transparenz schafft etwa ein Rechnungs- und Budgetierungssystem, welches nicht bloß den Liquiditätsaspekt, sondern auch den Ressourcenverbrauch offen legt. Mit anderen Worten: Cash ist wichtig und unverzichtbar, aber Cash alleine reicht nicht. Daher ist ein doppisches Rechnungswesen ein Eckstein bei der Gewährleistung von Haushaltstransparenz. In dieselbe Kerbe schlägt ein aktuelles und aussagekräftiges Berichtswesen, welches der Öffentlichkeit die Lage der Staatsfinanzen in nachvollziehbarer Weise kund tut. Schließlich braucht es zur Transparenz auch einen klaren Blick auf „Contingent Liabilities“, also auf Risiken für die Staatsfinanzen, wie dies etwa Haftungen sind.

Die Berechenbarkeit und Solidität wird durch eine verbindliche mittelfristige Perspektive, wie mehrjährige, rechtlich bindende Ausgabenobergrenzen, Schulden- und Defizitregeln, geschaffen, die konsistent mit den Ergebnissen von langfristigen Projektionen der Entwicklung von Staatsfinanzen sein sollten. Kluge Haushaltsregeln unterstützen nicht nur wirksam die Budgetdisziplin, sondern auch den sparsamen Umgang mit öffentlichen Mitteln, etwa durch geeignete Anreizsysteme für die einzelnen Ministerien und ihre Dienststellen.

Der zweite Aspekt, also das Steuern von Staat und Gesellschaft mit dem Haushalt, verlangt mehr, als ein traditionelles Budget zu bieten hat: Es reicht nicht, nur auszuweisen, wer Ressourcen in welcher Höhe bekommt. Gerade in Zeiten knapper Kassen muss gelten: Die Hebelwirkung von öffentlichen Mitteln muss so hoch wie möglich sein. Dies bedingt eine Zusammenschau von Ressourcen und damit erzielten Ergebnissen. Der Haushalt muss also zu einem integrierten Steuerungsinstrument für

Ressourcen und damit finanzierten Wirkungen und Maßnahmen weiter entwickelt werden. Diese „wirkungsorientierte Budgetierung" führt dem Parlament und der Öffentlichkeit nachvollziehbar vor Augen, was mit Steuermitteln geschieht und welche Leistungen damit erbracht werden. In Zeiten wachsender Verdrossenheit von Elektoraten ist dies auch ein ganz wichtiges Element zur Erneuerung und Festigung demokratischer Substanz.

*

Dr. Thomas Schäfer, Hessischer Finanzminister, Deutschland

Die öffentliche Verwaltung sieht sich einem erheblichen Veränderungsdruck ausgesetzt. Die übertragenen Aufgaben werden immer zahlreicher, umfangreicher sowie komplexer und die Verwaltung entwickelt sich von einem hoheitlichen Typus zu einer Verwaltung im planenden Leistungsstaat. Die zunehmende Prägung der öffentlichen Haushalte durch politische Vorgaben, rechtliche Leitlinien und ökonomische Aspekte erfordert eine Verwaltungssteuerung, die in den Zeiten verengter finanzpolitischer Handlungsspielräume effiziente Steuerungs- und Kontrollmechanismen bereit hält.

Zur Bewältigung dieser Herausforderungen wurden seit Beginn der 1990er Jahre in vielen europäischen Nachbarstaaten und auf kommunaler Ebene in Deutschland moderne Managementmethoden eingeführt, die sich bei privaten Unternehmen bewährt haben. Auf der staatlichen Ebene Deutschlands befindet sich Hessen in einer Vorreiterrolle. Zur Verbesserung der Ergebnis- und Kundenorientierung sowie zu einer effektiveren und kostenwirtschaftlichen Leistungserstellung wurde seit 1998 das Projekt Neue Verwaltungssteuerung (NVS) mit den Eckpfeilern

- Ergebnissteuerung über Ziele und Produkte,
- Dezentralisierung von Entscheidungskompetenzen und Stärkung der Ergebnisverantwortung mittels einer Zusammenfassung von Fach- und Ressourcenverantwortung durch einen Produkthaushalt sowie
- Schaffung von Transparenz durch ein geschlossenes kaufmännisches Rechnungswesen bestehend aus der doppelten Buchführung sowie der Kosten- und Leistungsrechnung

initiiert und umgesetzt – unterstützt durch eine einheitliche Informationstechnologie sowie die betriebswirtschaftliche Standardsoftware von SAP.

Hessen hat als erstes Bundesland bis zum Jahr 2005 seine gesamte Landesverwaltung von der Kameralistik auf die doppelte Buchführung umgestellt sowie eine darauf aufbauende Kosten- und Leistungsrechnung eingeführt. Auf dieser Grundlage werden in der gesamten Landesverwaltung seit dem Jahr 2008 Produkthaushalte erstellt. Seit dem Jahr 2009 erstellt Hessen schließlich als erstes Flächenbundesland konsolidierte und von unabhängigen Prüfern testierte Gesamtabschlüsse nach den Grundsätzen des HGB.

Über die doppelte Buchführung sowie die Kosten- und Leistungsrechnung finden die ressourcenorientierten Informationen Eingang in den Haushaltsplan und den externen Jahresabschluss und werden von den Entscheidungsträgern in Politik und Verwaltung wahrgenommen. Zur Unterstützung der Arbeit der politisch Verantwortlichen sowie der Führungskräfte der Verwaltung wurden Controllingstellen implementiert und Berichtsformate, wie beispielsweise ein Führungsinformationssystem, entwickelt.

Nachdem mittlerweile durch das Haushaltsgrundsätzemodernisierungsgesetz von 2009 die Möglichkeiten der gesetzlichen Verankerung eröffnet wurden, wird die Hessische Landeshaushaltsordnung zur Zeit novelliert. Sie soll zum Haushaltsjahr 2015 in Kraft treten. Hier werden tragende Säulen der NVS kodifiziert und der Produkthaushalt auf Basis der Doppik als alleinige Haushaltssystematik festgeschrieben. Das neue System gewinnt auf diesem Weg zusätzlich an Relevanz.

In Hessen wird damit der grundlegende Teil dieser Reform rechtzeitig vor Inkrafttreten der Schuldenbremse im Jahr 2020 abgeschlossen sein, deren Zielsetzung einen wirtschaftlichen und zielgerichteten Umgang mit knappen Ressourcen geradezu erzwingt.

Mit der Bereitstellung der Instrumente etablieren sich sukzessive die neuen Steuerungsprozesse. Die althergebrachten Prozesse der inputorientierten Geldmittelsteuerung werden zunehmend abgelöst. So finden im Hessischen Ministerium der Finanzen monatliche Budgetbesprechungen statt. Hier erörtert die Hausspitze mit den Abteilungsleitern und den zuständigen Referatsleitern die Entwicklung des Haushaltsvollzugs im Geschäftsbereich des Ministeriums. In diesen Runden werden aktuelle Entwicklungen auf der Fachseite berücksichtigt. Abweichungen und Fehlentwicklungen werden so rechtzeitig erkannt, sodass Maßnahmen zur Gegensteuerung besprochen und ergriffen werden können.

Mit der Einführung der NVS waren auch andere Herausforderungen zu überwinden. Die politischen Entscheider müssen mit der nun ermöglichten Transparenz umgehen. So zeigen die Eröffnungsbilanz und die Jahresabschlüsse des Landes ein beachtliches negatives Eigenkapital. Das ist einerseits aufgrund der weitgehend fehlenden Vorsorge für Beamtenpensionen und der Staatsverschuldung erklärbar. Andererseits wird durch die enge Anlehnung an das HGB deutlich, dass die wesentlichen Aufwendungen des Landes einen möglichen Ergebnisausgleich im Jahresabschluss nahezu unmöglich machen. Hier sind vor allem Personalausgaben in den

Bereichen der Bildung an Schulen und Hochschulen, der inneren Sicherheit und Rechtspflege sowie Fördermaßnahmen zu nennen, die zwar herausragende „immaterielle Werte“ für das Land bilden, jedoch nach den geltenden Regelungen keinen in der Bilanz aktivierungsfähigen Posten darstellen.

Darüber hinaus soll ein zentrales Finanz- und Produkthaushaltscontrolling im Ministerium eingeführt werden, das u.a. die Erzielung und Einhaltung eines Haushaltsausgleichs sowie die Einhaltung der Vorgaben der zukünftigen Schuldenbremse unterstützt. In Ergänzung des bei privaten Unternehmen etablierten Finanzcontrollings besteht die Hauptaufgabe des Produkthaushaltscontrollings in der Unterstützung der Verantwortlichen im Ministerium bei der zentralen Beurteilung der durch die jeweils betreuten Ressorts vorgenommenen Planung und Steuerung der Zielerreichung und Wirtschaftlichkeit.

Der Gesamtprozess der Einführung der Neuen Verwaltungssteuerung ist noch nicht abgeschlossen, das Land Hessen hat jedoch die wesentlichen Grundlagen hierfür gelegt. Die bisherigen Erfahrungen ermutigen: Neben den verbesserten verwaltungsinternen Steuerungsmöglichkeiten bieten Doppik und Produkthaushalt die nötige Transparenz für eine effiziente Haushaltsmittel-Bewirtschaftung und eine effektive Erreichung der gesetzten politischen Ziele.

*

Dr. Peter Grünenfelder, Staatsschreiber Kanton Aargau, Schweiz
Generalsekretär der Schweizerischen Gesellschaft für Verwaltungswissenschaften

In der Schweiz gibt es auf allen drei Staatsebenen (Bund, Kantone, Gemeinden) große Erfahrungen mit der wirkungsorientierten Steuerung von Aufgaben und Finanzen sowie einem stärker an den Bedürfnissen einer betrieblichen Führung ausgerichteten Neuen Rechnungsmodell.

Auf Ebene Bund initiierte der Bundesrat (Schweizer Bundesregierung) aufgrund der bisherigen Versuchsphase ein neues, flächendeckendes und ergebnisorientiertes Führungsmodell mit integrierter Aufgaben- und Finanzplanung, Leistungskontrakten und Globalbudget als Kernelemente, das per 1. Januar 2016 eingeführt werden soll. Auf kantonaler Ebene wurde die wirkungsorientierte Verwaltungsführung als alternatives Steuerungsmodell flächendeckend in neun von 26 Kantonen eingeführt und findet sich bei weiteren sechs Kantonen in der Versuchsphase. Parallel dazu ist es in den letzten Jahren mit der Einführung des Neuen Rechnungsmodells des Bundes (NRM) und der Weiterentwicklung des Harmonisierten Rechnungsmodells (HRM2) auch auf Kantons- und Gemeindeebene bei der Rechnungslegung zu weitreichenden Veränderungen in Richtung Privatwirtschaft und dem internationalen IPSAS Standard gekommen.

Im Kanton Aargau wurde beispielsweise auf das Budgetjahr 2006 hin flächendeckend die Wirkungsorientierte Verwaltungsführung (WoV) als Reformmodell eingeführt. Die Kompetenzen und der Handlungsspielraum für die politischen Entscheidungsträger und für die Verwaltungsführung wurden neu geregelt. Dazu wurden die gesetzlichen Grundlagen von Grund auf neu aufgebaut und neue Führungsinstrumente entwickelt. Kernelement des neuen Systems ist die Verknüpfung von Aufgaben und Finanzen: Gesteuert werden die Aufgaben über einen Integrierten Aufgaben- und Finanzplan (IAFP). Die Werte aller Steuergrößen (Ziele und Finanzen) sind für vier Jahre dargestellt, wobei jeweils das erste Jahr dem Budgetjahr entspricht, dessen Werte vom Grossen Rat (Legislative) beschlossen werden. Dem Aufgaben- und Finanzplan übergeordnet ist das Entwicklungsleitbild. Es ist das strategische Führungsinstrument der Regierung, das die politische Ausrichtung und die Strategien für eine Zeitdauer von zehn Jahren vorgibt.

Vier Jahre nach der Einführung wurde das neue Führungssystem 2009 extern evaluiert. Insgesamt wurde eine deutliche Verbesserung des Steuerungssystems festgestellt; auch im interkantonalen Vergleich schnitt der Kanton Aargau sehr gut ab. Die Evaluation zeigte aber auch Schwächen auf, namentlich im Bereich der Lesefreundlichkeit des Aufgaben- und Finanzplans. Hier stellen die hohe Informationsdichte und die nicht durchwegs optimalen Messgrößen eine hohe Hürde für das aus nicht vollamtlich tätigen Parlamentariern zusammengesetzte Kantonsparlament dar.

Auch in der internen Sicht konnten die Ziele von WoV zum größten Teil erreicht werden: Zum einen wurde die strategische Führung und ressortübergreifende Zusammenarbeit deutlich gestärkt. Beispiel dafür ist der konsequente Umgang mit den Herausforderungen der demografischen Entwicklung in sämtlichen Politikbereichen. Zum anderen hat sich der operative Freiheitsgrad auf Departements- und Abteilungsstufe dank Zielorientierung und Globalbudgets deutlich erhöht. Dies zeigt sich unter anderem auch daran, dass sich die Zusatzfinanzierungen und Nachtragskredite im Vergleich zum System vor WoV halbiert haben.

Der Kanton Aargau möchte seine Vorreiterrolle in der Wirkungsorientierten Verwaltungsführung in der Schweiz sicherstellen. Zurzeit wird das System zur Staatsleitung weiterentwickelt und verbessert. Das zugrunde liegende Gesetz über die wirkungsorientierte Steuerung von Aufgaben und Finanzen wird revidiert, und die Führungsinstrumente werden – gemäß den Empfehlungen der externen Evaluatoren – lesefreundlicher weiterentwickelt. Mit der Revision wird die Rechnungslegung an Standards des harmonisierten Rechnungslegungsmodells angepasst. Der bewährte Kern von WoV – die Verknüpfung von Aufgaben und Finanzen mit Zielorientierung und Globalbudget – bleibt dabei unverändert. Unverändert bleibt auch das heutige System der Schuldenbegrenzung (Schuldenbremse). Mittlerweile neunmal in Folge konnte ein jährlicher Überschuss in der Staatsrechnung ausgewiesen werden. Dieser erfolgreiche finanzpolitische Kurs der letzten Jahre zusammen mit modernen Staatsführungsinstrumenten soll beibehalten werden.

1 Einleitung

Traditionelle Budgetsysteme bzw. Haushaltsprinzipien zeichnen sich durch stark zentralistische Steuerungsmechanismen, einen hohen Grad an formalistischen Reglementierungen, geringe Flexibilität und ein kameralistisches Rechnungswesen aus. Dies, so die Kritik, die insbesondere im Zuge New-Public-Management-orientierter Reformen laut wurde, erschwert eine nachhaltige Finanzpolitik (vgl. Lüder 2001, S. 10ff.; Reichard/Bals 2002; Budäus et al. 2004; Berens et al. 2007). Es wird bemängelt, dass die Möglichkeiten zur Steuerung und zur sparsamen Budgetverwendung eng begrenzt (Stichwort: Dezemberfieber) bzw. rein inputorientiert sind. Mechanismen, die Verantwortlichkeiten effektiv etablieren, sind schwach entwickelt, und darüber hinaus fehlt der Politik über weite Strecken ein strategischer Steuerungsfokus. Dies wird dadurch verschärft, dass sich die Haushaltsmentalität primär an der Rechtmäßigkeit und nicht an der Zweckmäßigkeit orientiert (vgl. Busemeyer/Wintermann 2011). Des Weiteren bewirkt das Fehlen umfassender Finanzinformationen einen erheblichen Mangel an Transparenz betreffend die finanziellen und vor allem leistungsbezogenen Ergebnisse der Verwaltung (vgl. auch Kim 2007b). Traditionelle Budgetierungssysteme sind darüber hinaus häufig mit einer inkrementellen Planungs- und Steuerungslogik verbunden, was in der Praxis dazu führt, dass die Vorjahresbudgets ohne inhaltliche Diskussion Ausgangsbasis für die Folgebudgets sind und Anpassungen in der Regel lediglich nach oben erfolgen (vgl. Robinson 2007b, S. 4; siehe auch Kap. 3.1 und 3.2).

Trotz dieser Schwächen ist das Budget im öffentlichen Sektor nach wie vor das zentrale Steuerungsinstrument. Fundamentalkritik, wie sie etwa in der Privatwirtschaft Anfang der 2000er Jahre durch Konzepte wie „Beyond Budgeting“[1] vorgebracht wurde, blieb aus. Allerdings wird – aufbauend auf obige Kritikpunkte – zentraler Modernisierungsbedarf geortet (vgl. insbesondere Lüder 2001; Berens et al. 2007; Robinson 2007a; Bertelsmann Stiftung/KGSt 2009). Dementsprechend wurden in nahezu allen europäischen Staaten in der jüngeren Vergangenheit Reformen des Haushaltswesens in Angriff genommen, jedoch in unterschiedlicher Ausprägung und Intensität.

---

1 „Beyond Budgeting“ (vgl. Pfläging 2003; Daum 2005) steht für eine radikale Abkehr vom Budget und für die Hinwendung zu einer Steuerung über alternative Instrumente wie etwa *Balanced Scorecard, Value-based Management* oder *Activity-based Management.*

Einen zentralen Stellenwert im Rahmen der Modernisierung des Haushalts nimmt die Reform des Rechnungswesens, d.h. der Rechnungsstil des Budgets und der ex post Rechnungslegung, ein. Neben dem Rechnungswesen stehen vor allem Wege zur Verstärkung der Nachhaltigkeit von Haushalten, die Verknüpfung von Budget (Input) und Leistungen (Output) bzw. Wirkungen (Outcome) zu umfassenderen performance-orientierten Steuerungssystemen, Flexibilisierungs- und Dezentralisierungstendenzen sowie eine stärkere Integration der einzelnen Finanz- und Managementinstrumente auf der Reformagenda. Die von den einzelnen Staaten und Gebietskörperschaften eingeschlagenen Wege unterscheiden sich dabei ebenso wie die vorgebrachten Begründungen und Umsetzungserfahrungen. Der vorliegende Band versucht, einen Überblick über diese vielfältigen Entwicklungen und Zusammenhänge zu geben. Dabei wird bewusst auf eine Detailanalyse einzelner Staaten zugunsten einer Vielzahl internationaler Beispiele (mit besonderem Fokus auf den deutschsprachigen Raum) verzichtet.

Kapitel 2 verortet die mittlerweile zunehmend unübersichtliche Diskussion um die Modernisierung der Haushaltssysteme in globalen Reformparadigmen – insbesondere New Public Management (NPM) und Public Governance. Weiters gibt dieses Kapitel einen Überblick über den Stand der Reformen im internationalen und deutschsprachigen Kontext sowie über unterschiedliche Handlungsfelder einer entsprechenden Reform und geht in aller Kürze auf die Diskussion um doppische versus kameralistische Rechnungsstile ein.

Kapitel 3 stellt die neuen Steuerungsmechanismen, Regeln und Instrumente vor, durch die eine flexiblere Ressourcensteuerung möglich werden soll. Angesprochen werden insbesondere makrobudgetäre Mechanismen (z.B. fiskalische Regeln), die konkrete Ausgestaltung von Budgetregeln sowie alternative Varianten der Gliederung von Haushalten (z.B. Global-, Programm- oder Produktbudget).

Kapitel 4 diskutiert Ansätze einer Verknüpfung des Budget- und Ressourcenmanagements mit den Ergebnissen öffentlicher Aktivitäten. Es wird gezeigt, welche Schwierigkeiten die Integration von Ergebnissen in den Haushaltsprozess mit sich bringt, wie diese Verknüpfung konkret etabliert werden kann bzw. aus welchen Bestandteilen sich Performance Budgeting und Performance Management zusammensetzen.

Darauf aufbauend widmet sich *Kapitel 5* der Frage, wie dezentrale Einheiten in einem flexibilisierten Budgetregime performance-orientiert gesteuert werden können. Hier werden neben internationalen Trends insbesondere österreichische Erfahrungen dargestellt.

Während sich die *Kapitel 3 bis 5* den Entwicklungen weitgehend aus der Perspektive des Bundes/Zentralstaats widmen, gibt *Kapitel 6* einen Überblick über die Leitlinien der Haushaltsmodernisierung auf der Ebene der Länder im deutschsprachigen Raum. Dies vor allem deshalb, da die Reformbestrebungen der verschiedenen föderalen Ebenen in den drei deutschsprachigen Staaten sehr heterogen sind. Während die Reformen in Österreich stark auf den Bund fokussiert sind und sich in den Bundesländern nur Einzelinitiativen finden, zeigt sich in Deutschland ein umgekehrtes Bild: Einzelne Bundesländer haben eine Vorreiterrolle eingenommen; eine gesamthafte Reform ist jedoch nicht in Sicht. Die Schweiz hat das umfangreichste und auch konsistenteste Reformmodell für Bund und Kantone, wobei der Fortschrittsgrad nicht in allen Kantonen gleich ist.

Abb. 1: Integratives Modell der Haushaltsmodernisierung

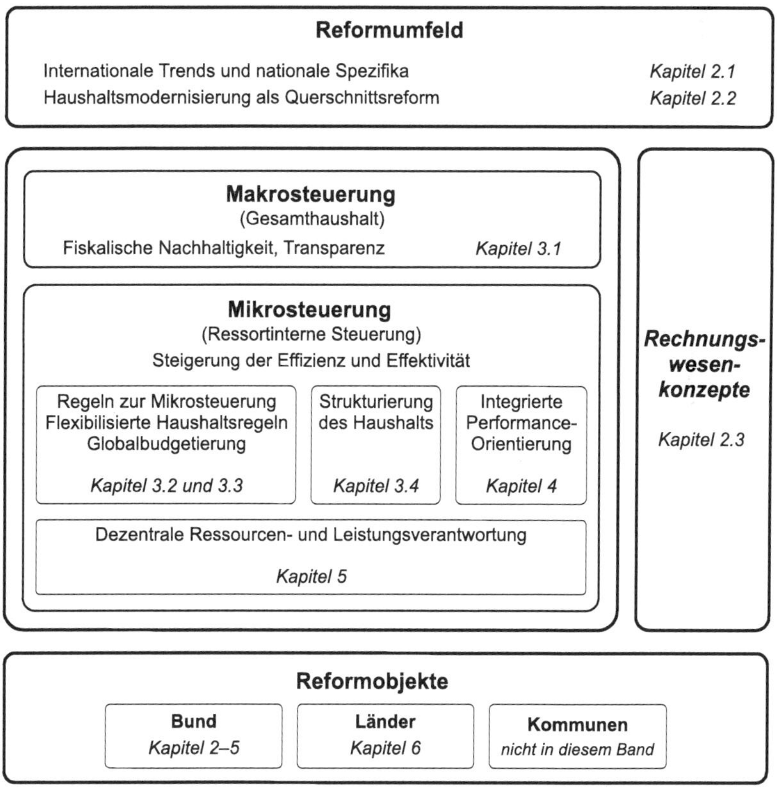

Haushaltsreformen streben tiefgreifende Veränderungen der Steuerungsstrukturen und -prozesse an und haben weitreichende Konsequenzen auf Bereiche jenseits der Kernprozesse des Haushaltsmanagements. Haushaltsreformen können daher auch Auslöser für nachhaltige Änderungen in den Führungsstrukturen sein. Gleichzeitig sind solche Änderungen aber auch notwendige Voraussetzungen einer erfolgreichen Modernisierung des Haushaltsmanagements, um einer integrierten Steuerungsphilosophie zum Durchbruch zu verhelfen. Diese Herausforderungen, aber auch notwendige Weiterentwicklungen, skizziert abschließend *Kapitel 7*. Abbildung 1 zeigt systematisch die zentralen Komponenten eines integrativen Modells der Haushaltsmodernisierung und zugleich den Aufbau dieses Bandes.

2 Haushaltsmodernisierung: Standortbestimmung und Handlungsfelder

2.1 Budgetmodernisierung: Internationale Trends und nationale Spezifika

Debatten über die Modernisierung des Haushaltswesens sind keineswegs ein neues Phänomen. So gehen etwa Reformansätze wie das „Planning, Programming and Budgeting System“ (PPBS), „Zero Based Budgeting“ oder die „Sunset Legislation“ bis in die 1960er und 1970er Jahre zurück (vgl. dazu insbesondere Kalatschan 2008, S. 75ff.). Die Motive und Ziele, die die Proponenten solcher Ansätze jeweils geltend machen, variieren zeit- und kontextbezogen: Während Anfang der 1990er Jahre in Staaten wie etwa Finnland und Schweden Haushaltsreformen im Namen von Konsolidierungsnotwendigkeiten initiiert wurden, standen die etwa zeitgleich stattfindenden und auch inhaltlich ähnlichen Reformen in angelsächsischen Staaten wie Australien, Neuseeland oder Großbritannien unter dem Banner der NPM-orientierten Modernisierungswelle.

Vor dem Hintergrund der gegenwärtig dominanten Reformparadigmen – New Public Management (NPM)[1] und Public Governance[2] – lassen sich folgende generelle Beobachtungen bezüglich der *aktuellen Bestrebungen zur Modernisierung der öffentlichen Haushalte* machen:

1. Haushaltssysteme und Reforminitiativen sind in die jeweils vorherrschenden Reformparadigmen eingebettet. Verschiedene Themen der Haushaltsmodernisierung beschäftigen die öffentliche Verwaltung zwar schon seit Jahrzehnten (z.B. Langfristorientierung, Doppik, Ressourcenorientierung, Performance Management) und sind nur bedingt von „zeitgeistigen“

---

1 New Public Management ist der Oberbegriff für eine Reihe von Verwaltungsreforminitiativen, die auf privatwirtschaftliche Managementkonzepte und mehr Markt setzen (für eine Einführung siehe z.B. Schedler/Proeller 2009).

2 *Public Governance* bezieht sich auf die Steuerung von Multiakteursnetzwerken (öffentliche, zivilgesellschaftliche und privatwirtschaftliche), die insbesondere im Rahmen von Gewährleistungsmodellen Relevanz erhalten haben (vgl. Mayntz 2009). Unter „Good Governance“ werden Prinzipien „guten Regierens“ verstanden, die etwa von der OECD, Weltbank oder der Europäischen Kommission erarbeitet wurden. Beispiel für solche Prinzipien sind Transparenz, Verantwortlichkeit, Partizipation oder kohärente Politikgestaltung (vgl. dazu OECD 2005 bzw. Jann 2005).

Reformparadigmen abhängig; allerdings verändern sie – je nach vorherrschendem Reformparadigma – ihren Fokus. Mit der deutlich stärker managerialistisch gefärbten NPM-Diskussion nahm die Übertragung von aus der Privatwirtschaft stammenden betriebswirtschaftlichen Instrumenten, wie etwa Kennzahlensysteme, Kosten- und Leistungsrechnung (KLR) oder Produktkataloge, in öffentliche Haushaltssysteme ihren Ausgang. Daneben begünstigte die vom Public-Choice-Ansatz[3] inspirierte Diskussion eine privatrechtliche bzw. -wirtschaftliche Organisation von staatlichen Aktivitäten (d.h. Ausgliederungen, Privatisierungen, Contracting Out, Outsourcing), mit der Folge, dass eine von der Kernverwaltung abgekoppelte Modernisierung des Rechnungs- und Finanzwesens der so organisierten Bereiche stattfand. Public Governance, vielfach als die Leitperspektive der Post-NPM-Ära betrachtet (vgl. dazu z.B. Lynn et al. 2001; Edeling et al. 2007; Osborne 2010; kritisch dazu z.B. Pollitt/Bouckaert 2011), wiederum fokussiert auf Transparenz, Verantwortlichkeit und Partizipation, was in den Reformen der öffentlichen Haushaltssysteme beispielsweise in Form von Bürgerhaushalten (vgl. Holtkamp 2008a; Franzke/Kleger 2010), Konzernbilanzen (vgl. Kap. 2.3) oder Gender Budgeting (vgl. Kap. 4.5) seinen Niederschlag findet. Performance-Orientierung stand, wie bereits erwähnt, schon in den 1960er bzw. 1970er Jahren auf der Reformagenda; damals allerdings mit dem Ziel, den herrschenden Inkrementalismus zu bekämpfen (vgl. Kalatschan 2008, S. 311; Küchler-Stahn/Siegel 2010, S. 304). In der Interpretation des NPM ist Performance Budgeting ein Konzept, bei dem Ergebnisse, Effizienz und Anreize im Mittelpunkt stehen. Im Rahmen eines Public-Governance-inspirierten Modells hingegen rücken Transparenz- und Verantwortlichkeitsüberlegungen in den Vordergrund. Dies hat Konsequenzen für die konkrete Ausgestaltung: Während für NPM-geleitete Modelle Instrumente wie die KLR oder Produktbudgets besonders relevant erscheinen, fokussieren Public-Governance-getriebene Modelle eher auf Wirkungsorientierung oder entsprechende Berichtspflichten an Parlament und Öffentlichkeit. Eine stärkere Integration von Finanz- und Managementsystem (vgl. die unterschiedlichen Möglichkeiten einer Verlinkung in Kap. 2.2), d.h. die verschränkte Betrachtung etwa von Budget und Haushalt, Leistungen und Wirkungen, Strategie, Organisation und Personalmanagement (vgl. Wanna 2010a), ist wiederum sowohl mit NPM- als auch mit Public-Governance-Überlegungen kompatibel.

---

3 Der *Public-Choice-Ansatz* ist eine Theorie, die rationale Entscheidungen auf politische Prozesse überträgt und Anreizstrukturen sowie Entscheidungsprozesse in den Mittelpunkt stellt.

2. Was die Debatte zur Haushaltsmodernisierung anlangt, lässt sich insgesamt eine Internationalisierung feststellen. Internationaler Erfahrungsaustausch und Diskussion insbesondere durch supranationale wie auch professionelle Standard-Setting-Organisationen und/oder Experten sind – mit steigender Tendenz – oftmals (Mit-)Auslöser von Reformen (vgl. Lüder 1992): Neben verbindlichen Vorschriften, wie dem Stabilitäts- und Wachstumspakt der EU bzw. den Maastricht-Kriterien, dienen verstärkt unverbindliche Standards wie die International Public Sector Accounting Standards (IPSAS) oder internationale Best Practices als Reformschablonen. Zu deren Diffusion tragen internationale Organisationen wie die Weltbank, der Internationale Währungsfonds (IWF) und die Organisation für wirtschaftliche Zusammenarbeit und Entwicklung (OECD) ebenso wesentlich bei wie internationale Ratingagenturen (vgl. dazu auch Wanna 2010a). Diese Organisationen schaffen Erfolgsgeschichten – Wanna (2010b, S. 282) beispielsweise kritisiert den oftmals inhärenten „Triumphalismus" –, übersetzen sogenannte Best Practices in allgemeine Regeln und fordern bei Reviews oder bei der Gewährung von Beihilfen deren Einführung bzw. Umsetzung.

3. Die Reformverläufe in den unterschiedlichen Staaten weisen zwar *vielfältige Gemeinsamkeiten* hinsichtlich verwendeter Konzepte und Instrumente auf, *von einem globalen Modell der Haushaltsmodernisierung kann aber dennoch nicht gesprochen werden.* Eine gewisse Konvergenz ergibt sich vielfach daraus, dass einige „Pionierstaaten" (z.B. Australien, Schweden, Großbritannien) als „Rollenmodelle" fungieren. Allerdings existieren sowohl hinsichtlich umgesetzter Reforminhalte und konkreter Ausgestaltung der Instrumente als auch Zeitpunkt der Umsetzung erhebliche Unterschiede, die nicht zuletzt aus den notwendigen Adaptierungen der Konzepte und Instrumente an die staatenspezifischen „Logiken" resultieren (vgl. Olson et al. 1998a; Wanna 2010a, b). Dies unterstreicht die Notwendigkeit, bei der Übernahme von Konzepten aus anderen Verwaltungskontexten große Umsicht walten zu lassen (vgl. die Ausführungen in Kap. 3.4 zur Kontextspezifität der Budgetstruktur, die Kontextspezifika der Performance-Management-Instrumente in Kap. 4.3 sowie die Kontextsensitivität bei der Ausgestaltung von dezentralen Budgetierungsmodellen in Kap. 5.3.2).

Die konkreten nationalen Wege bei der Modernisierung von Haushaltssystemen sind das Ergebnis eines Wechselspiels zwischen staatenspezifischen Besonderheiten und globalen Entwicklungen – Robertson (1995) spricht in diesem Zusammenhang von „Glokalisierung". Das heißt, obwohl im internationalen Vergleich auf sehr allgemeiner Ebene durchaus Homogenität bei der Haushaltsmodernisierung zu beobachten ist, werden die Reformen in unterschiedlichen Staaten zu unterschiedlichen Zeitpunkten, mit unterschiedlichen Reformpfaden, mit unterschiedlichem Instrumentenmix, für unterschiedliche staatliche Bereiche und mit unterschiedlichen Implementierungsstrategien umgesetzt. Umfang (ob weitreichende Reformen oder nur einzelne Komponenten) und Ausmaß der Modifikationen der Grundmodelle variieren stark (vgl. Olson et al. 1998b, S. 440; Wanna 2010a, S. 6ff.). Faktoren, die zur Erklärung dieser unterschiedlichen Pfade und Ausprägungen herangezogen werden, inkludieren die Spezifika der jeweiligen Verwaltungstradition (vgl. z.B. Meyer/Hammerschmid 2010; Pollitt/Bouckaert 2011), die konkreten institutionellen Ausgangsbedingungen bzw. Auslöser in den einzelnen Staaten, historische Aspekte, besondere Steuerungsnotwendigkeiten sowie die gesamte Infrastruktur und Datenlandschaft. Neben den spezifischen historischen Kontexten spielen aber auch die jeweils handelnden Akteure und ihre Interessenlagen eine nicht zu unterschätzende Rolle (vgl. in diesem Zusammenhang Lüder 1992, 1994).

All diese Faktoren beeinflussen Reformen, ohne sie zu determinieren. So haben beispielsweise die angelsächsischen Staaten (wie etwa Neuseeland, Australien, Großbritannien oder Kanada) bereits in den 1980er Jahren und die skandinavischen Staaten Anfang der 1990er Jahre weitreichende Reformen des öffentlichen Rechnungs- und Haushaltswesens eingeleitet. Zeitverzögert fanden solche Reformen auch in Deutschland, Österreich und der Schweiz statt oder befinden sich derzeit in Umsetzung bzw. Vorbereitung.

Haushaltsmodernisierungsaktivitäten in kontinentaleuropäisch geprägten Verwaltungstraditionen finden im Kontext ausdifferenzierter Rechtssysteme statt (vgl. Mehde 2011, S. 21), d.h. Reformen können erst dann erfolgen, wenn sie rechtlich entsprechend verankert sind. Konsequenterweise werden die wesentlichen Reformen im deutschsprachigen Raum in Gesetzesform umgesetzt. Die zentralen Reformen auf Bundesebene sind das *Neue Rechnungsmodell (NRM) in der Schweiz* (Totalrevision des Finanzhaushaltsgesetzes 2006), die *Haushaltsrechtsreform des Bundes in Österreich* (Verfassungsbeschluss 2007) und das *Gesetz zur Modernisierung des Haushaltsgrundsätzegesetzes (HGrGMoG) in Deutschland* auf Gesamtstaatsebene, das seit 2010 in Kraft ist (zum Entwicklungsstand auf Ebene der Länder vgl. Kap. 6).

Für den Modernisierungsdiskurs in Deutschland insgesamt spezifisch erscheint die starke Fokussierung auf den Rechnungsstil („Doppik-versus-Kameralistik"-Kontroverse; siehe Kap. 2.3) (vgl. Küchler-Stahn/Siegel

2010); Themen wie leistungsorientierte Steuerung, Flexibilisierung und Dezentralisierung sowie Produktbudgets werden zumeist in die Doppik-Diskussion „mitverpackt". In Österreich und der Schweiz hingegen spielt diese grundsätzliche Rechnungsstil-Debatte eine geringere Rolle und wird deutlich weniger kontroversiell geführt (vgl. z.B. Seiwald/Meyer 2012). In der Schweiz wendet der Bund bereits seit 2007 doppische Grundsätze an und empfiehlt das an das NRM inhaltlich angelehnte Harmonisierte Rechnungsmodell (HRM2) für die Kantone und Gemeinden (vgl. z.B. Rauskala et al. 2012). In Österreich wird der Bund die Doppik (basierend auf IPSAS) ab 2013 verpflichtend anwenden (in den Ländern und Gemeinden ist die Diskussion noch im Gange).[4]

2.2 Haushaltsmodernisierung als Querschnittreform

Die Haushaltsmodernisierung – und hier insbesondere die Themen Accrual Accounting (bzw. Doppik) und Performance Budgeting (bzw. ergebnisorientierte Steuerung) – nimmt im Rahmen der Reformen des öffentlichen Sektors eine prominente Rolle ein (einen Überblick geben beispielsweise Olson et al. 1998a; Lüder 2001; OECD 2002; Blöndal 2005; Rubin/Kelly 2007; Budäus/Hilgers 2009b; Wanna 2010a; Pollitt/Bouckaert 2011). Das Repertoire an möglichen Maßnahmen ist beträchtlich. Im Folgenden wird eine Klassifizierung nach Reformzielen einerseits und Maßnahmenmix andererseits vorgeschlagen.

In puncto Reformziele lassen sich im Wesentlichen drei Blöcke unterscheiden:

- die nachhaltige Entwicklung öffentlicher Haushalte sowie die Erhöhung fiskalischer Disziplin;
- die Steigerung der Effizienz und Effektivität öffentlicher Leistungen durch bessere Allokation von Budgetmitteln und die strategische Ausrichtung von Haushalten; und
- eine verbesserte Transparenz für Bürger, Politik und Verwaltung.

Was den zum Einsatz kommenden Maßnahmenmix anlangt, lassen sich die Reformaktivitäten ebenfalls grob drei Gruppen zuteilen (diese Zuteilung dient nur der Systematisierung; in der Praxis treten die Aktivitäten vielfach gemeinsam auf): Zunächst ist hier die Einführung neuer Instru-

---

4 Nähere Details zur Rechnungswesen-Diskussion siehe Kapitel 2.3 betreffend internationale Entwicklungen, 6.1 für Deutschland, 6.2 für Österreich und 6.3 für die Schweiz.

mente bzw. Ansätze zu nennen. Die große Anzahl an Instrumenten und ihre Heterogenität manifestieren den generellen Trend, dass Reformen des Haushaltswesens über reine Finanz- und Rechnungswesen-Themen hinausgehen und auf andere Managementsysteme (wie insbesondere Leistungs-, Organisations-, Personal- und Strategiesysteme) ausstrahlen. Die Reformen schlagen sich zweitens zumeist auch in der Organisationsstruktur, d.h. in der Schaffung neuer Organisationen oder Organisationseinheiten mit neuen Verantwortlichkeiten, nieder. Drittens inkludieren Modernisierungsvorhaben vielfach die Umgestaltung von Haushalts-, aber auch Verwaltungs- und mitunter politischen Prozessen sowie die Abstimmung zwischen den entsprechenden Akteuren und Foren.

Diesen zwei Klassifizierungen folgend nimmt Tabelle 1 eine beispielhafte Zuordnung von möglichen Instrumenten, Strukturen und Prozessen zu den drei Zielblöcken vor.

Obgleich in Diskussionen über modernes Finanzmanagement zumeist Stimmigkeit und Kompatibilität suggeriert werden, besteht die zentrale Herausforderung bei der Umsetzung von Reformen darin, die unterschiedlichen Reformziele, Maßnahmen und Bereiche in Einklang zu bringen und in ein systematisches Ganzes zu integrieren. Diese Verlinkung muss an verschiedenen Schnittstellen ansetzen, wobei verschiedene *Arten der Verknüpfung* unterschieden werden können (vgl. dazu auch Robinson 2007b; Budäus/Hilgers 2009b):

- Zum einen können die Verknüpfungen zwischen einzelnen Elementen rein *konzeptionell* erfolgen, d.h. die Beziehung der Elemente zueinander wird auf abstrakter Ebene geklärt. Beispielsweise sieht Performance Budgeting die systematische Verknüpfung von Budgetwerten mit Informationen zur Leistungserbringung und -erstellung vor. Ein anderes Beispiel ist die Abstimmung der einzelnen Instrumente des Performance Managements (Leistungsvergleiche, KLR, Kennzahlensysteme, Controllingberichte etc., siehe Kap. 4.3) oder von mittelfristiger Budgetsteuerung und dem Jahresbudget.
- Weiters bedarf die Implementierung von Reformmaßnahmen *organisationaler Links*, d.h. die Aufgaben der einzelnen Akteure oder Organisationseinheiten und deren Kompetenzen und Verantwortlichkeiten sowie die entsprechenden Prozesse sind formal abzustimmen und festzulegen (beispielsweise ist im Rahmen von Performance Management eine Zusammenführung von Fach- und Ressourcenverantwortung sowie die Delegation von Haushalts- und Fachkompetenzen erforderlich; vgl. dazu Kap. 5).

- Deutlich weiter führt hingegen eine *technische* – also eine in kausalen Beziehungen formulierte, mathematisch berechnete und damit weit gehend automatisierte – Verknüpfung (wie etwa bei einer Budget-

Tab. 1: Ziele und Maßnahmenmix im Zuge von Haushaltsmodernisierungen

Reformziele	Instrumente	Strukturen	Prozesse
Fiskalische Nachhaltigkeit	• Fiskalische Regeln • Schuldenbremse • Mittelfristiger Ausgabenrahmen (MTEF) • Gesetzesfolgenabschätzung	• Unabhängige Finanzinstitutionen (z.B. „Watch Dogs“ oder „Central Planning Offices“)	• Top-down-Budgetierung • Rollierende Abstim-mung zwischen Jahres-budget und Mittelfrist-planung
Steigerung der Effizienz und Effektivitt	• Programm-/ Produktbudgets • Globalbudgets • Formelbudgets • Budgets auf Accrual-Basis • Public Service Agreements • Output/Outcome Statements • Kontrakte/Leistungsvereinbarungen • KLR • Controllinginstrumente • Integrierte IT-Systeme (z.B. SAP-Module)	• Zusammenführung von Fach- und Ressourcenverantwortung • Einrichtung von Controlling-Stellen	• Zielvereinbarungsverhandlungen • Abstimmung der Budgetverhandlungen über Ausgabenrahmen und Jahresbudget • Dialogmodelle zwischen Fachressort und verselbständigten Einheiten („Performance Dialogue“, „Relational Contracting“)
Transparenz	• Rechnungsabschlüsse auf Accrual-Accounting-Basis • Performance Reports • Fiscal Sustainability Reports • Konsolidierte Rechnungen (Konzernbilanzen) • Gender Budgeting • Budgetverlaufsberichte	• Schaffung neuer Organisationseinheiten (z.B. „Budget Office“)[a]	• Partizipative Budgetierungsprozesse (Bürgerhaushalte) • Prozessregeln zur Diskussion von Finanzberichten („Accountability Day“)

a – In der OECD ist in den letzten Jahren ein verstärkter Trend zur Einrichtung von unabhängigen Budgetstellen („Budget Office“) zur Unterstützung der Legislative bei der Erfüllung der Haushaltsangelegenheiten festzustellen (vgl. Posner/Park 2007). Diese Einrichtungen bieten in der Regel dem Haushaltsausschuss – nicht jedoch einzelnen Abgeordneten – Expertise zu den Budgetunterlagen bei der Begutachtung neuer Gesetze, stellen mittel- und langfristige Budgetprognosen an, erarbeiten Prognosen für Wirtschaftsentwicklung sowie das Steueraufkommen und darüber hinaus manchmal auch Vorschläge für Ausgabenkürzungen (vgl. Anderson 2009). In Deutschland ist damit ein Referat im Bundestag betraut, das die Abgeordneten des Haushaltsausschusses organisatorisch und technisch betreut. Mit der Einführung der Haushaltsrechtsreform wurde in Österreich im Juli 2012 ein Budgetdienst zur Beratung des Budgetausschusses eingerichtet. Die Schweiz hat kein „Budget Office“ installiert, jedoch im Zuge der Einführung des NRM eine Reorganisation der Finanzdienste in den Verwaltungseinheiten durchgeführt. Die Finanzkommissionen im Parlament beraten die Budgets direkt mit der Verwaltung.

erstellung mit Hilfe von Stückkosten und Mengen aus der KLR) und Steuerung über weitgehend „automatisierte" Instrumente und Prozesse, wie im Fall von Formelbudgets. Den Zusammenhang zwischen organisationaler und technischer Verknüpfung verdeutlicht die Einführung einer KLR: organisationale Links müssen durch die Einrichtung neuer, spezialisierter Organisationseinheiten etabliert werden. Gleichzeitig ist die KLR ein Paradebeispiel einer technischen Verknüpfung: Ressourcendaten werden mit Hilfe von Kostenrechnungsalgorithmen Kostenträgern und Kostenstellen zugerechnet (siehe Kap. 4.3, Unterpunkt c).

– Schließlich besteht im Rahmen von Reforminitiativen immer die Gefahr, dass konzeptionell oder organisational vorgesehene Verknüpfungen von den konkreten Praktiken entkoppelt werden (vgl. Pollitt 2001), dass etwa trotz ausgeprägter Ressourcen- und Ergebnissteuerungsrhetorik die „alten" Entscheidungs- und Handlungsweisen weiter bestimmend bleiben und die eingeführten Instrumente zu einer rein vordergründigen Pflichterfüllung verkommen (vgl. dazu auch Kap. 5.3 und 5.4 für österreichische Erfahrungen mit Performance-Instrumenten). Grundvoraussetzung für eine erfolgreiche Implementierung ist, dass die neuen Ideen in konkrete Praktiken Eingang finden, dass sie also durch *praktische Links* zu Routinen werden. Solche praktischen Verknüpfungen werden nicht immer bewusst geschaffen, sondern ergeben sich häufig in der praktischen Umsetzung. Sie ersetzen mitunter fehlende konzeptionelle, technische und organisationale Links und werden erst später formal in die Systeme eingepasst (z.B. wurde in Österreich Mitte der 1990er Jahre ein Top-down-Budgetprozess eingeführt, ohne die entsprechenden Regeln und formalen Prozesse zu ändern; eine formale Verankerung erfolgte erst deutlich später).

Wichtig in diesem Zusammenhang ist die Definition der je adäquaten „Hebel": unterschiedliche staatliche Aufgaben bzw. Leistungen (für eine Klassifikation siehe z.B. Bouckaert/Halligan 2008), Adressaten (also beispielsweise Verwaltung, Politik oder Öffentlichkeit) und Steuerungsziele (Evaluieren, strategische Richtungsentscheidungen, Ressourcenzuteilung, Mitarbeitermotivation, Verbesserung des Images der Verwaltung in der Öffentlichkeit, Lernen und Optimieren, etc.; vgl. z.B. Behn 2003) erfordern eine unterschiedlich ausgestaltete Verknüpfung zwischen den einzelnen Elementen.

Performance kann mit Outputs (Leistungen) im Sinne der Leistungserfassung bzw. mit Outcomes (Wirkungen) im Sinne der Messung der

Zielerreichung und Feststellung der gesellschaftlichen Effekte in Verbindung gebracht werden. International hat sich das sogenannte 3-E-Modell (vgl. Abb. 2) als Bezugsrahmen einer systematischen Strukturierung des öffentlichen Wertschöpfungsprozesses etabliert (vgl. Cave et al. 1990; Budäus 1999; Bouckaert/Halligan 2008; Pollitt/Bouckaert 2011).

Abb. 2: 3-E-Modell als Bezugsrahmen einer Performance-Orientierung im öffentlichen Sektor

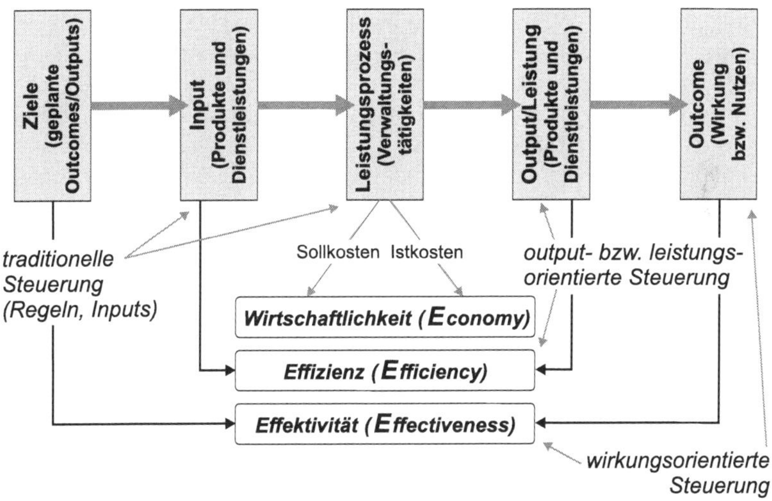

Dieses Modell erlaubt eine systematische Unterscheidung von inputorientierter, leistungsorientierter und wirkungsorientierter Steuerung und weist auf die Notwendigkeit einer integrativen Betrachtung dieser zentralen Konzepte der Steuerung und der Performance-Orientierung hin (für eine Gegenüberstellung der Steuerungskonzepte vgl. Kap. 4.5, Tab. 2). Das Modell liegt auch in weiteren Variationen vor: etwa in der Weiterentwicklung durch Buschor in ein 5-E-Konzept; mit weiteren Ausdifferenzierungen wie etwa der Unterscheidung von Impacts bzw. intermediären Outcomes und finalen Outcomes oder der zusätzlichen Dimension einer Kosteneffektivität.

Dass die Messung von Output und Outcome je nach Fachbereich unterschiedlich gut möglich ist (in Abhängigkeit von Identifizierbarkeit und Homogenität der Leistungen bzw. Kausalität zwischen Leistungen und Wirkungen), liegt auf der Hand (zu Problemen der Messbarkeit und Indikatorenentwicklung vgl. auch Kap. 4.3). Eine technische Verknüpfung ist daher nur dann sinnvoll, wenn Messbarkeit und Zurechenbarkeit gesichert sind. Je unklarer der Zusammenhang, desto eher eignet sich vorerst eine konzeptionelle Verknüpfung (d.h. im Sinne von Transparenz, Herstellung von Verantwortlichkeit und Ermöglichung von Lerneffekten). Sind die Zusammenhänge klarer, können auch praktische und organisationale bis hin zu technischen Verknüpfungen erfolgen.

Wie diese kurzen Ausführungen verdeutlichen, können Maßnahmen der Haushaltsmodernisierung nicht isoliert betrachtet werden, sondern ziehen weitläufige Veränderungen in allen Bereichen der Verwaltung nach sich. Sollen die Reformmaßnahmen mehr als Rhetorik sein, ist den Schnittstellen zwischen den unterschiedlichen Ansatzpunkten bzw. Maßnahmen besondere Aufmerksamkeit zu widmen.

Zu beachten ist auch, dass Haushaltsmodernisierung einen inhärent politischen Prozess darstellt. Die Änderung von Haushaltsregeln und -prinzipien verändert auch das demokratische Machtgefüge, denn diese Regeln legen Informationsrechte und -pflichten sowie Handlungsspielräume bzw. Kompetenzen von Abgeordneten, Finanzministerien, Fachministerien sowie Dienststellen fest. Im Zuge einer Haushaltsmodernisierung gestalten Abgeordnete ihre Rechte und Pflichten neu und bestimmen, welche Informationen in welcher Form zur Beschlussfassung vorgelegt werden. Das Recht, den Haushalt festzulegen (Budgethoheit), ist eines der Kernrechte bzw. das sogenannte „Königsrecht“ des Parlaments (vgl. Bergmoser 2011). Die Neugestaltung des Haushaltsrechts ist daher eine Chance für Abgeordnete zusätzliche Informationen zu erhalten, aber auch eine Beschränkung ihrer Rechte etwa durch Festlegung von fiskalischen Regeln (vgl. Kap. 3.1) oder durch den Beschluss von hochaggregierten Globalbudgets (vgl. Kap. 3.3).

Die adäquate Einbindung sowohl des Parlaments als auch der Regierung ist demnach ein Schlüsselfaktor für eine erfolgreiche Reform. Denn neben einer Beschlussfassung ist auch ausreichend Wissen sowie Akzeptanz der neuen Instrumente und Regeln auf parlamentarischer Ebene erforderlich, um die neuen Informationen in der politischen Debatte adäquat nutzen zu können. In der Übergangszeit sollte eine Modernisierung vor allem auch den politischen Akteuren in transparenter Form eine Überleitung vom alten System in eine „neue Welt“ bieten, z.B. Übergang vom Titel- in den Programmhaushalt oder vom kameralistischen zum doppischen Budget, um so etwaiges Misstrauen zu bekämpfen.

Daneben ist Stakeholder Management unerlässlich. Als Schlüssel gilt eine umfassende Einbindung in die Konzeption und Begutachtung des Gesetzesentwurfs über Haushaltsgrundsätze sowie die Berücksichtigung wesentlicher Kritikpunkte, die aufgrund der Interessendivergenz zwischen

Fachministerium und Finanzministerium auftreten können. Der Rechnungshof und jene Ministerien, die für das öffentliche Dienst- und Personalrecht zuständig sind, sollten als Partner für Entwicklung und Umsetzung gewonnen werden. Für die Umsetzung in der Verwaltung ist starkes Engagement gerade der Führungsebene wichtig.

Insgesamt ist die Sicherstellung der Unumkehrbarkeit sowohl auf der politischen als auch auf der Verwaltungsebene ein Schlüssel zum Erfolg. Die Diskussionen fokussieren dann nicht auf das „Ob", sondern auf das „Wie". Außerdem ist so für sämtliche Akteure ein gewisses Maß an Handlungssicherheit gegeben. Wie eine umfassende Einbindung aussehen kann, wird nachfolgend am Beispiel der österreichischen Haushaltsrechtsreform kurz illustriert.

*Box 1: Politischer Prozess der Beschlussfassung im Rahmen der österreichischen Haushaltsrechtsreform**

Die österreichische Haushaltsrechtsreform wurde bereits 2007 parlamentarisch in Form einer Verfassungsänderung beschlossen, obwohl Teile des Gesetzes erst 2013 in Kraft treten. Der Beschluss erfolgte einstimmig. Wesentlich für diesen politischen Erfolg war die Einrichtung eines parlamentarischen Beirats (einer informellen Untergruppe des Budgetausschusses des Nationalrats), in dem Experten und Abgeordnete die Inhalte der Reform abseits der „politischen Bühne" diskutieren konnten. In der Verfassungsnovelle wurden auch die Eckpunkte und Grundsätze des neu zu beschließenden einfachgesetzlichen Bundeshaushaltsgesetzes formuliert. Dieses wurde ebenfalls einstimmig beschlossen. Um eine Umkehr zu erschweren, wurde in der Verfassung festgeschrieben, dass das alte Haushaltsrecht mit Ende 2012 außer Kraft tritt (Verfassungsänderungen bedürfen einer Zweidrittelmehrheit im Parlament).

Die Eckpunkte der Reform waren somit festgelegt, und gleichzeitig gab es ausreichend Zeit, die Details auszuarbeiten. Da die Reform nicht mehr grundsätzlich in Frage gestellt wurde, konnte die politische Diskussion auf konkrete Umsetzungsdetails fokussiert werden.

Im gesamten Reformprozess wurden systematisch alle wesentlichen Anspruchsgruppen eingebunden und politische Kompromisse ausgehandelt:

- Der Nationalrat erhielt zu seiner Unterstützung einen eigenen Budgetdienst (eine Art „Budget Office") sowie zusätzliche Berichte.

- Das Finanzministerium konnte sich als Standard Setter für das Haushaltsrecht, das öffentliche Rechnungswesen und die Grundsätze der Wirkungsorientierung etablieren.
- Der Rechnungshof konnte seinen Aufgabenbereich auf die Prüfung der Angaben zur Wirkungsorientierung ausweiten und ein Performance Auditing implementieren.
- Das Bundeskanzleramt erhielt die Zuständigkeit für Performance Budgeting und Performance Reporting.
- Die Fachministerien wurden in die Begutachtung aller Rechtsvorschriften eingebunden, was sowohl für die Akzeptanz als auch die Praxistauglichkeit der Regelungen von Vorteil war.

* Zu näheren Details der politischen Prozesse vgl. Steger 2010

2.3 Doppik versus Kameralistik

Obwohl die Frage nach den Vor- und Nachteilen der beiden Rechnungsstile (im internationalen Kontext spricht man von der Debatte „Accrual versus Cash“) nicht im Zentrum dieses Bandes steht, sollen aufgrund der Relevanz der „Doppik-versus-Kameralistik“-Debatte in Deutschland die wesentlichen Argumente der Befürworter wie der Gegner der Doppik in aller Kürze zusammengefasst werden.

Die Kameralistik wird insbesondere ihrer Transparenzdefizite wegen kritisiert: es fehlen, so die Befürworter der Doppik, Informationen zu Output, Outcome, Ressourcenverbrauch und Vermögen (z.B. Bertelsmann Stiftung/KGSt 2009, S. 14). Die Ressourcenverbrauchs- und die Vermögenssicht eines doppischen Rechnungswesens hingegen stützen eine nachhaltige Finanzpolitik und fördern die intergenerative Gerechtigkeit (vgl. Anessi-Pessina/Steccolini 2007, S. 114; Bertelsmann Stiftung/KGSt 2009, S. 18). Von Accrual Accounting verspricht man sich ein besseres Vermögensmanagement, eine umfassendere Darstellung von Verbindlichkeiten sowie deren langfristiger Effekte, die Darstellung der Kosten von politischen Programmen und damit verbesserte Möglichkeiten der Kosten- und Effizienzkontrolle sowie eine zielgenauere Festlegung von Tarifen für öffentliche Leistungen (vgl. u.a. Lüder 2001; Anessi-Pessina/Steccolini 2007, S. 114; Berens et al. 2007; Budäus/Hilgers 2009b).

Darüber hinaus lässt die Doppik eine integrierte Darstellung von ausgegliederten Rechtsträgern und Kernhaushalt zu (vgl. dazu Lüder 2001; Schauer 2008), da beide Sektoren formal kompatible Rechnungssysteme verwenden, und gewährleistet so einen umfassenderen Blick auf die Staatsfinanzen. Die Konsolidierung von Ausgliederungen und Beteiligungen (im Sinne einer Konzernbilanz) dient einer rechnungsmäßigen Darstellung von außerbudgetären Einheiten, wodurch die vollständige Erfassung von Vermögen und Schulden möglich wird. Allerdings muss an dieser Stelle angemerkt werden, dass dieser Schritt, quasi der „Vollausbau" eines Rechnungswesens, nicht geringer Anstrengungen in der Harmonisierung der Rechnungslegungssysteme sowie der technischen Umsetzung bedarf (vgl. auch Budäus/Hilgers 2009b) und dass manche der argumentierten Vorteile der Doppik (vor allem neue ergebnisorientierte Informationen) über die Frage „Doppik versus Kameralistik" hinausgehen.

Kritiker der Doppik führen vor allem die Unterschiedlichkeit des öffentlichen und privaten Sektors (vor allem Gewinnorientierung im privaten Bereich und Gemeinwohlorientierung im öffentlichen Sektor) sowie – von praktischer Seite – Implementierungsprobleme sowie den hohen Aufwand für Implementierung und Betrieb ins Treffen (vgl. Nasi/Steccolini 2008, S. 179; de Vries/Bestebreur 2010). Außerdem könne mit einer ergänzenden KLR dieselbe Transparenz und Steuerungsrelevanz erzielt werden.

Die Fragestellung „Accrual versus Cash" erreichte international kurz um die Jahrtausendwende ihren Höhepunkt, wobei sich die meisten Staaten mittlerweile für ein Accrual-System entschieden haben. Es besteht heute weitgehend Konsens darüber, dass zu Zwecken der Rechenschaftslegung Accrual Accounting (also Rechnungswesen auf doppischer Grundlage basierend auf dem Ressourcenverbrauchskonzept und einer periodenbezogenen Betrachtungsweise) gegenüber einem rein kameralistischen, nur auf Zahlungsströme ausgerichteten Rechnungswesen deutlich umfassendere Informationen liefert (vgl. Reichard/Bals 2002, S. 137; Lüder/Jones 2003, S. 54; KPMG 2008; Bertelsmann Stiftung/KGSt 2009; Budäus/Hilgers 2009b). Gleichzeitig hat sich aber auch die Ansicht durchgesetzt, dass eine accrual-orientierte Betrachtungsweise die Steuerung durch Zahlungsgrößen (Ein- und Auszahlungen, Cash) nicht ersetzen kann, sondern dass vielmehr ausreichende Cash-Informationen in ein grundsätzlich doppisches Rechnungswesen integriert sein müssen (vgl. dazu Budäus/Hilgers 2011). Dies ist vor allem auch für die (unterjährige) Liquiditätsplanung essentiell.

Nun können aber auch doppische Rechnungssysteme nach unterschiedlichen Rechnungslegungsstandards geführt werden und sehr verschieden ausgestaltet sein. Im Wesentlichen lassen sich drei Richtungen festmachen:

(1) Übernahme der International Public Sector Accounting Standards (IPSAS): Dieser Weg wurde u.a. von Frankreich, der Schweiz, zahl-

reichen osteuropäischen Staaten, Schwellenländern sowie internationalen Organisationen, allen voran UNO und Europäische Kommission, beschritten (vgl. zu IPSAS-Standards im Überblick Müller-Marqués Berger 2008 sowie insbesondere Bergmann 2009); der Bund in Österreich lehnt sich weitgehend an die IPSAS an, weicht aber in einigen Themenstellungen (Pensionsrückstellungen, Abgaben) ab.

(2) Eine Anlehnung an die International Financial Reporting Standards (IFRS) der Privatwirtschaft wurde insbesondere von den angelsächsischen Staaten (z.B. Großbritannien, Australien oder Neuseeland) gewählt. Nicht im IFRS geregelte Spezifika des öffentlichen Sektors (z.B. Steuern, Darstellung des Budgets) werden mit IPSAS-Standards geschlossen, sodass ein weitgehend IPSAS-konformes Rechnungswesen entsteht.

(3) Eine Anlehnung an nationale Rechnungslegungsstandards der Privatwirtschaft findet sich beispielsweise in Schweden, Dänemark oder in deutschen Ländern[5] wie Hessen und Hamburg.

Die Frage nach dem Rechnungsstil im Budgetierungssystem (also Cash Budgeting oder Accrual Budgeting) wird nach wie vor deutlich kontroverser geführt als die Frage nach dem Rechnungsstil für die ex post Rechnungslegung (vgl. Schick 2007). Obwohl international die Tendenz eindeutig in Richtung Accrual Budgeting zu weisen scheint, muss, wie auch Lüder und Jones bereits 2003 feststellten, mit einer Umstellung des Rechnungswesens auf eine doppische Grundlage nicht zwangsläufig eine Umstellung der Budgetierung einhergehen (eine Ausrichtung des Budgetsystems auf Accrual-Werte haben etwa Großbritannien, Australien, Neuseeland, Dänemark oder die Schweiz vollzogen, während etwa in Frankreich oder Finnland nur die ex post Rechnungslegung auf einer vollständigen Accrual-Basis erfolgt).

Der Vorteil des Accrual Budgeting besteht – unabhängig von den sehr ambitionierten Zielen hinsichtlich Effizienzsteigerungen und besserer Ressourcenallokation – in einer durchgängigen, einheitlichen Zahlendarstellung von der Budgetierung bis zur Rechnungslegung (vgl. Bals 2011, S. 407). Als Beispiel für ein auf der Doppik basierendes Budgetierungs-

---

5 Im Jahr 2009 wurde das Gesetz zur Modernisierung des Haushaltsgrundsätzegesetzes (HGrGMoG) verabschiedet, das die Doppik für die Länder in Grundzügen regelt und diese erstmalig als alleinigen Rechnungsstil erlaubt. Das HGrGMoG verweist dabei grundsätzlich auf die Regelungen des HGB. Weitere Konkretisierungen werden von einem neu gegründeten Gremium zur Standardisierung des staatlichen Rechnungswesens beschlossen, das gemeinsame Standards und Verfahren für die verschiedenen Rechnungsvarianten veröffentlicht.

system wird in Box 2 das dänische Modell, das auch mit einem Performance-Budgeting- und -Managementsystem verknüpft ist, kurz dargestellt.

*Box 2: Accrual Accounting und Budgeting in Dänemark**

Im Rahmen einer umfassenden Budgetreform wurden in Dänemark 1) ein Finanzmanagementsystem mit langfristigen Planungen und 2) ein zielorientiertes Managementsystem mit Performance-Informationen implementiert. Das öffentliche dänische Rechnungswesen wurde in den Jahren 2005 bzw. 2007 – basierend auf die privatwirtschaftlichen dänischen Rechnungslegungsstandards – umgestellt, wobei einige Abweichungen, insbesondere in Hinblick auf die Bewertung und Abschreibung von Anlagevermögen, vorgenommen wurden. Ziel war es, ein besseres Mikromanagement der Verwaltungseinheiten zu ermöglichen und validere und vergleichbare Kosteninformationen zu erhalten. Die Erhöhung der makroökonomischen Transparenz stand dabei nicht explizit im Vordergrund (vgl. Jensen/Nielsen 2010).

Das System – das sogenannte „Cost-Based Appropriation System“, d.h. ein auf Kosten basiertes Budgetzuteilungssystem – sieht ein Accrual Budget für die Einheiten vor. Dieses „Cost-Based Appropriation System“ hat folgende Kernpunkte:

- Basis für die Ermittlung des Budgets sind die erwarteten Kosten (in Accrual-Größen) zuzüglich Abschreibungen auf das Anlagevermögen.
- Die sogenannten „Accrual Appropriation“ wird den Einheiten in zwölf Monatsraten auf einem Konto, von dem alle Zahlungen vorgenommen werden können, zur Verfügung gestellt. Dieses Konto ist ein Verrechnungskonto im zentralen Zahlungssystem der dänischen Regierung, für das den Einheiten Guthaben- und Überziehungszinsen zugeordnet werden. Die Einheiten selbst verfügen über keinen direkten Zugang zum Kapitalmarkt oder zu Banken und können selbständig keine Kredite aufnehmen.
- Investitionen können entweder aus der „Accrual Appropriation“ bedeckt oder über verwaltungsinterne Kreditaufnahmen bis zur Höhe einer festgesetzten Obergrenze finanziert werden. Im Falle der Finanzierung über Kredit muss die Verwaltungseinheit Zinsen bezahlen. Diese Zinsen müssen aus den jährlich im Budget zur Verfügung gestellten Abschreibungen „zurückgezahlt“ werden. So lange Projekte noch nicht fertiggestellt sind, fallen höhere Zinsen an.

* Vgl. Danish Ministry of Finance 2006; Jensen/Nielsen 2010

Das deutsche HGrGMoG ermöglicht neben der Kameralistik auch die Einführung der Doppik als Rechnungssystem, was eine Vielfalt an unterschiedlichen Modellen zur Folge hat (vgl. dazu Kap. 6.1.2). Während der Bund auf das Modell der „erweiterten Kameralistik" setzt (vgl. dazu Bergmoser 2011, S. 126ff.), bei dem die Einnahmen- und Ausgabenrechnung als führendes System erhalten bleibt, das jedoch durch eine KLR und Vermögensrechnung ergänzt wird, orientieren sich einige deutsche Länder, wie Hamburg, Bremen oder Hessen, am doppischen Ansatz, der die drei Komponenten Vermögens-, Ergebnis- und Finanzrechnung miteinander verschränkt und eine KLR integriert (vgl. Lüder 1999, 2002; Berens et al. 2007; Budäus/Hilgers 2009b und 2011).

In diesem Modell wird das doppische Rechnungssystem nicht nur ex post für den Abschluss, sondern kann auch für die budgetäre Steuerung und Planungsrechnung eingesetzt werden. Für die deutschen Kommunen wurden ebenfalls auf Doppik basierende Reformkonzepte, wie beispielsweise das Neue Kommunale Rechnungswesen (NKR) in Niedersachsen, erarbeitet (vgl. dazu Fußnote 4 in Kap. 6, S. 121). Zahlreiche Experten, darunter Berens et al. (2007) in den Hamburger Thesen bzw. Budäus und Hilgers (2009a), kritisieren diese Systempluralität und fordern eine Einheitlichkeit des öffentlichen Rechnungswesens. Zentrale Herausforderung der Modernisierung wird die Harmonisierung und Zusammenführung der einzelnen Systeme der staatlichen Haushalte und die Ausrichtung an einer gesamtheitlichen Perspektive sein, dies sowohl international als auch im deutschsprachigen Raum (vor allem in Deutschland und Österreich; die Schweiz hat diesen Reformprozess bereits eingeleitet, siehe Kap. 6.3).

Eine weitere Herausforderung stellt die Harmonisierung der verschiedenen nationalen Rechnungssysteme dar, die erforderlich wäre, um die Vergleichbarkeit der Finanzstatistiken zu verbessern. Auf Aufforderung des Europäischen Parlaments prüft die Europäische Kommission derzeit die Möglichkeit einer Standardisierung der öffentlichen Rechnungslegung in allen Mitgliedstaaten (vgl. dazu die Entschließung des Europäischen Parlaments vom 13. März 2012 über ein Qualitätsmanagement für die europäischen Statistiken). Auch das IPSAS-Board beschäftigt sich mit der Harmonisierung von finanzstatistischen Standards wie dem ESVG.

Haushaltssysteme können nach ihrem grundsätzlichen Rechnungsstil und dem Ausmaß, in dem sie an Ergebnissen (vgl. Kap. 4) ausgerichtet sind, klassifiziert werden. Box 3 nimmt eine knappe Verortung von in diesem Band vorgestellten Staaten bzw. Länder vor.

Auf dem Weg zu einem solchen Modell befinden sich auch einzelne deutsche Länder wie Hamburg (vgl. Box 17), Hessen (vgl. Box 18) und Nordrhein-Westfalen (NRW) (vgl. Box 16) sowie die Schweiz, die ihren

Performance-Ansatz (das FLAG; vgl. Box 14) zwar noch nicht flächendeckend implementiert hat, aber ein umfassendes integriertes Rechnungswesen (das NRM) führt.

Box 3: Klassifizierung von Haushaltssystemen

Als Referenzmodell wird in der Regel ein Haushaltssystem mit einem *integrierten, doppischen Rechnungswesen* (unabhängig vom konkreten Rechnungslegungsstandard) sowie einem *umfassenden integrativen Performance-Ansatz* verwendet. Einem solchen Modell folgen sowohl die angelsächsischen Staaten Australien, Neuseeland, Großbritannien oder Kanada als auch skandinavische Staaten wie Dänemark oder Schweden. Auch Österreich führt ab 2013 ein derartiges Modell ein. Grundsätzlich bestehen die Haushaltssysteme dieser Staaten also aus den gleichen Elementen; die konkrete Ausgestaltung und vor allem die praktische Anwendung variieren jedoch, sodass auch innerhalb dieser Gruppe große Unterschiede bestehen.

Weitgehende Reformen im Performance-Bereich haben die Niederlande, aber auch Berlin (vgl. Box 15) eingeleitet. Beide lehnen aber eine Umstellung auf ein doppisches Rechnungswesen ab.

Im Bund in Deutschland wird seit vielen Jahren über eine Umstellung diskutiert. Allerdings wurden weder im Rechnungswesen noch im Bereich der gesamthaften Ausrichtung des Haushalts auf Performance-Elemente bislang Reformschritte beschlossen oder umfassende Implementierungsinitiativen ergriffen.

3 Regeln und Instrumente zur nachhaltigen Steuerung der Haushalte

Während in traditionellen Haushalten kleingliedrig (sogenannte „Line Items“) budgetiert und mit Fokus auf deren Einhaltung kontrolliert wird, setzen neuere Modelle auf flexibilisierte Haushalte, die in ein mittel- und langfristiges Finanzregelsystem eingebettet, ergebnisorientiert aufgebaut und nach Zielvorgaben gesteuert werden. Die Reformagenda folgt den Vorsätzen

- Haushalte nachhaltig gestalten,
- besser steuern (sowohl politisch als auch in der Verwaltung),
- Transparenz sicherstellen und
- Verantwortlichkeiten klar festlegen.

Erreicht werden soll dies durch sinnvolle Kombination und Verknüpfung (vgl. dazu Kap. 2.2) der Instrumente und Regeln: Nachhaltige Steuerung und Budgetdisziplin sollen durch mittel- und langfristige makrobudgetäre Budgetregeln und Planungssysteme gewährleistet werden. Die Flexibilisierung wiederum geschieht insbesondere durch eine Aufweichung der in zeitlicher und inhaltlicher Hinsicht starren, feingliedrigen Bindungswirkungen in Form der Globalbudgetierung bzw. von neuen Varianten der Gliederung von Haushalten (z.B. Programmbudgets). In diesem Kapitel werden fiskalische Regeln zur Makrosteuerung (Kap. 3.1), Budgetplanung als Zusammenspiel von Regeln, Instrumenten und Praktiken (Kap. 3.2), Konzeptionen der Globalbudgetierung (Kap. 3.3) sowie neue Formen der Budgetgliederung (Kap. 3.4) vorgestellt.

3.1 Fiskalische Regeln zur Makrosteuerung ■

Im Mittelpunkt der Makrosteuerung steht die Zielsetzung, Haushalte „nachhaltig“ zu gestalten. Abstrakt formuliert (eine allgemein gültige Definition von Nachhaltigkeit in der Finanzpolitik existiert nicht) drückt sich Nachhaltigkeit in der Fähigkeit eines Staates aus, ein (nicht näher definiertes) Leistungsangebot zu erbringen und den finanziellen Verpflichtungen jetzt und in Zukunft nachzukommen (vgl. IPSASB 2009). Eine Operationalisierung wird durch – sowohl in ihrer inhaltlichen Ausgestaltung als auch ihrer Höhe nach variierende – fiskalische Regeln vorgenommen, die zumeist auf mittel- bis langfristig ausgeglichene Haushalte und die Beschränkung der Verschuldungshöhe abzielen. Im Folgenden werden Budgetprinzipien und -methoden vorgestellt, die diese Ziele unterstützen, aber auch einen Rahmen für veränderte Mikrosteuerung (Flexibilisierung, Dezentralisierung, Programmhaushalte) geben.

Traditionelle Budgetierungsmodelle folgen häufig dem Prinzip eines inkrementellen Budgetprozesses (vgl. insbesondere Wildavksy 1964). Inkrementalismus ist eine Bottom-up-Methode der Budgetierung, bei der, ausgehend von einer Basisgröße (in der Regel Vorjahresbudgets), das Budget in kleinen, kontrollierbaren Schritten angepasst wird. Die implizite Annahme ist, dass ein Großteil des Budgets aufgrund gesetzlicher, vertraglicher oder politischer Verpflichtungen nicht abänderbar ist. Ein solches Vorgehen reduziert sowohl die Konfliktkosten als auch den Informationsbedarf (vgl. Pitsvada/LoStracco 2002; Busemeyer/Wintermann 2011). Budgetdisziplin soll primär durch die kontrollierte, schrittweise Entwicklung des Budgets sichergestellt werden.

Es ist offensichtlich, dass dies bei diskontinuierlichen Entwicklungen, wie Krisen und Konsolidierungsbedarf, problematisch werden kann, da oftmals pauschale Budgetreduktionen ohne Prioritätensetzung (sogenanntes „Rasenmäher-Phänomen“) die Folge sind. Außerdem liegt dieser Art von Budgetierungsprozess keine Optimierung der Ausgaben- und Einnahmenstrukturen zu Grunde. Gegenkonzepte zum Inkrementalismus aus den 1960er und 1970er Jahren – wie „Zero Based Budgeting“, „Planning Programming Budgeting Systems“ oder „Rationalisation des Choix Budgétaires (RCB)“ – versuchten, diskontinuierliche Budgetverläufe zu erleichtern und Einsparungspotentiale systematisch zu erheben und so unwirtschaftliche Fortschreibungen zu verhindern (vgl. Kalatschan 2008).

Die negativen Konsequenzen des Inkrementalismus sind umso schwererwiegend, je stärker ausgeprägt der Bottom-up-Charakter des Haushaltsprozesses ist (vgl. Busemeyer/Wintermann 2011). Aus diesem Grund setzt die Top-down-Budgetierung bei hochaggregierten fiskalischen Regeln an, die über zentrale Vorgaben auf die Ressorts und deren Programme und Dienststellen herunter gebrochen werden. Sinnvoll ergänzt wird ein Top-down-Vorgehen durch ein partizipatives Bottom-up-Verfahren (vgl. Bals 2011, S. 400), in dem die detaillierten Informationen dezentraler Einheiten für eine realistische Budgetplanung genutzt, etwaige Sparvorgaben und Prioritätensetzungen konkretisiert und höhere Akzeptanz erreicht werden können. Dies verdeutlicht auch die Bedeutung der Kopplung von ressort- und dienststelleninternen Planungsprozessen mit den formalen Budgetierungsprozessen.

Fiskalische Regeln (Fiscal Rules) sind permanente Beschränkungen der Budgetpolitik durch quantitative Begrenzung wichtiger Budgetaggregate. Sie sollen zur Eindämmung von Defiziten beitragen und eine tragfähige öffentliche Schuldenposition sicherstellen. Im Rahmen von Konsolidierungsprogrammen tragen fiskalische Regeln und fiskalische Institutionen zur Stabilisierung bei (vgl. OECD 2010). Die Anzahl der fiskalischen Regeln ist in den letzten 20 Jahren kontinuierlich gestiegen: innerhalb der EU-Staaten beispielsweise von 16 im Jahr 1990 auf 76 Regeln 2008 (vgl. European Commission 2009, S. 87). Fiskalische Regeln legen Ausgaben-, Einnahmen-, Defizit- (Saldogrößen) oder Verschuldungsobergrenzen fest. Als finanzpolitisches Instrument sollen sie möglichst einfach, transparent und leicht überprüfbar sein.

Was die Art dieser fiskalischen Regeln anlangt, bietet die Europäische Kommission folgende Unterscheidungen an (ebd.):

(a) *Defizitregeln stellen auf die Balance zwischen Einnahmen- und Ausgabenseite ab*, dazu gehören:

- Regeln, die nominelle Obergrenzen in absoluten Zahlen („Ceiling") definieren,
- Regeln zum Budgetausgleich, die entweder auf einen Überschuss oder ein maximales Defizit in nominellen Größen abstellen,
- Regeln, die auf das strukturelle und nicht das nominelle Defizit abzielen, somit konjunkturelle Effekte „heraus rechnen" und so eine antizyklische Budgetpolitik unterstützen sollen, sowie
- „Golden Rules", die Schuldenaufnahmen nur für Investitionen, aber nicht für die Finanzierung laufender Aktivitäten zulassen.

(b) *Ausgabenregeln* stellen entweder auf nominelle oder reale Werte ab oder begrenzen die zulässigen Ausgabensteigerungen (im Verhältnis zur Wachstumsrate ausgedrückt).

(c) *Einnahmenregeln*, die sehr restriktiv eingesetzt werden, sollen das Wachstum der Einnahmen in öffentlichen Haushalten limitieren. Sie spezifizieren primär, wie zusätzliche Einnahmen zu verwenden sind, und sollen einer prozyklischen Budgetpolitik entgegenwirken.

(d) *Verschuldungsgrenzen* stellen auf das Ansteigen von Schulden ab. Sie werden wiederum in Relation zur Wirtschaftsleistung, nominell oder über die Rückzahlungsfähigkeit fixiert.

Eine Untersuchung der Europäischen Kommission hat ergeben, dass auf EU-Ebene 40% der Regeln auf den Haushaltssaldo abstellen und Verschuldungs- und Ausgabenregeln zu je einem Viertel vertreten sind, wobei auf Zentralstaats- bzw. Bundesebene Ausgabenregeln, auf Länder-[1] und

---

1 Beispiele dazu aus dem deutschsprachigen Raum in Kapitel 6.

Gemeindeebene Verschuldungs- und Defizitregeln vorherrschen (vgl. European Commission 2009, S. 89ff.).

≡ Abb. 3: Anzahl der fiskalischen Regeln nach Gebietskörperschaften

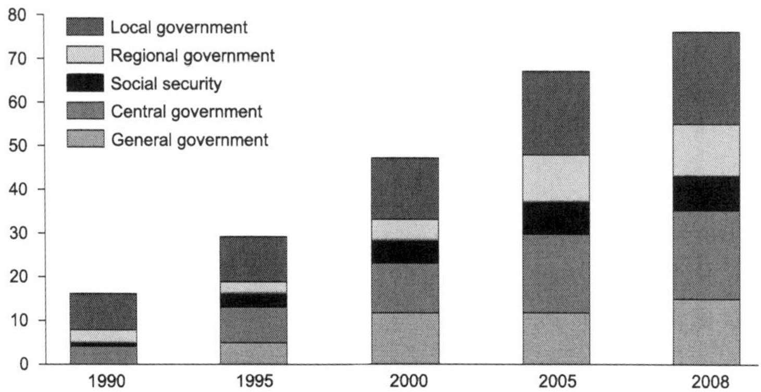

Quelle: European Commission 2009, S. 89

Sehr häufig haben fiskalische Regeln eine gesetzliche, oftmals auch eine verfassungsrechtliche Verbindlichkeit. Eine ihrer großen Schwächen stellt zweifellos das Fehlen unabhängiger und verbindlicher Monitoring- bzw. Einhaltungsmechanismen dar.

In den USA werden *„pay-as-you-go rules"* von der Regierung bzw. dem Kongress angewendet. Sie regeln, dass für die Finanzierung jeder weiteren Staatsausgabe oder Steuersenkung eine äquivalente Reduzierung von Staatsausgaben in anderen Bereichen oder äquivalente Erhöhungen von Staatseinnahmen erfolgen müssen. Dadurch wird Saldenneutralität postuliert (vgl. Tat-Kei Ho 2010, S. 24). Die im europäischen Kontext wohl bekanntesten fiskalischen Regeln sind im Stabilitäts- und Wachstumspakt der Europäischen Union verankert und verpflichten die Mitgliedstaaten prinzipiell zu einer Neuverschuldung von maximal drei Prozent des Bruttoinlandsprodukts (Defizitregel) und einem Schuldenstand von maximal 60 Prozent des Bruttoinlandsprodukts (Verschuldungsregel). Zudem wird eine bessere prozessuale Abstimmung der nationalstaatlichen Budgetprozesse (einschließlich der Zeitplanungen) mit den Prozessen und Meldeverpflichtungen im Rahmen des Stabilitäts- und Wachstumspakts eingefordert. Die Staaten der Europäischen Union haben sich 2011 in einer politischen Erklärung der Staats- und Regierungschefs des Euro-

Währungsgebiets (sogenannter Fiskalpakt)[2] verpflichtet, Schuldenbremsen – im Verfassungsrang oder in ähnlicher Rechtsform – zu verankern.

Schuldenbremsen sind konkrete Ausprägungen von fiskalischen Regeln, die auf Verschuldungs- und/oder Defizitobergrenzen abzielen. In den drei deutschsprachigen Staaten trat eine Schuldenbremse zunächst 2003 in der Schweiz in Kraft (vgl. Box 5); in Österreich wurde die Einführung, jedoch nur für den Bundeshaushalt und nicht bezogen auf das gesamtstaatliche Defizit, im Dezember 2011 mit Wirksamkeit 2017 beschlossen (für die Länder wurde sie im österreichischen Stabilitätspakt verankert); zur Schuldenbremse in Deutschland siehe Box 4.

Box 4: Schuldenbremse und Top-down-Budgetierung in Deutschland

Im Jahr 2009 beschlossen Bundestag und Bundesrat eine Schuldenbremse für Deutschland. Nach dieser Regelung soll die strukturelle Nettokreditaufnahme des Bundes ab 2016 maximal 0,35% des BIP betragen, die Länder haben ab 2020 ihre Haushalte ohne Einnahmen aus Krediten auszugleichen. Es gibt jedoch Ausnahmen vom grundsätzlichen Verbot der Kreditfinanzierung, insbesondere aus konjunkturellen Gründen (bei Kreditaufnahme im Abschwung, allerdings Tilgung im Aufschwung) und im Fall von Naturkatastrophen, wobei hier gleichzeitig mit der Kreditaufnahme eine Tilgungsregel für die Rückzahlung festzulegen ist (zu fiskalischen Regeln in den deutschen Ländern siehe Kap. 6.1.3). Konsequenterweise führte die Bundesregierung 2011 erstmalig ein Top-down-Prozedere bei der Budgeterstellung in Form eines Eckwertebeschlusses des Kabinetts ein. Für das Jahr 2012 legte das Bundeskabinett somit im Rahmen des neuen Top-down-Verfahrens verbindliche Einnahmen- und Ausgabenplafonds der Ministerien (sogenannte Eckwerte) für den Regierungsentwurf des jährlichen Haushaltsgesetzes und den mehrjährigen Finanzplan fest. Diese bilden die verbindliche Grundlage für das weitere regierungsinterne Aufstellungsverfahren. Ziel des neuen Aufstellungsverfahrens ist die nachhaltige Rückkehr auf den Konsolidierungspfad sowie die Sicherstellung einer soliden Haushaltspolitik bei konsequenter Umsetzung der seit dem Jahr 2011 geltenden neuen Schuldenregel.

---

2 Vgl. http://www.consilium.europa.eu/uedocs/cms_data/docs/pressdata/de/ec/126678.pdf (zuletzt aufgesucht am 30.09.2012).

*Box 5: Schuldenbremse in der Schweiz**

Die Schweiz schaffte im Jahr 2003 den Übergang zu einer regelgebundenen Finanzpolitik, indem die Schuldenbremse nach 85–prozentiger Zustimmung des Stimmvolkes im Verfassungsrang verankert wurde. Die Schweizer Schuldenbremse folgt einer einfachen Regel: die Ausgaben dürfen mittelfristig, d.h. über einen Konjunkturzyklus hinweg, nicht größer sein als die Einnahmen. Die Einnahmen des Bundes folgen dabei dem Konjunkturzyklus: in Zeiten der Hochkonjunktur werden Überschüsse erwirtschaftet, welche in Zeiten der Rezession das Defizit ausgleichen. Über- und Unterschreitungen des Ausgabenplafonds werden auf ein Ausgleichskonto gebucht, Defizite sind in den Folgejahren bei der Festlegung der Ausgabenplafonds zu berücksichtigen. Strikte zeitliche Vorgaben sind hinsichtlich der Abtragung nicht vorgesehen, um Bundesrat und Parlament ausreichend Spielraum zu bieten. Handelt es sich allerdings um hohe Fehlbeträge, d.h. überschreiten diese mehr als 6% der Gesamtausgaben des vorhergehenden Jahres, sind diese innerhalb von drei Jahren abzutragen. In Ausnahmefällen wie Naturkatastrophen oder einer schweren Rezession tritt eine Ausnahmebestimmung in Kraft, welche außerordentliche Ausgaben ermöglicht. Um Ausnahmen nicht zur Regel werden zu lassen, sieht eine seit 2010 bestehende Ergänzungsregel vor, dass außerordentliche Einnahmen und Ausgaben über ein Amortisationskonto erfasst werden und etwaige Defizite innerhalb von sechs Rechnungsjahren abzutragen sind.

Gegenstand der Schuldenbremse ist nicht der Abbau der Verschuldung, sondern die Steuerung des Bundeshaushalts über die Ausgabenseite im Sinne einer Ausgabenregel. Somit wird die Einhaltung eines langfristigen Ausgabenpfads zum entscheidenden Kriterium der Schuldenbremse in der Schweiz.

* Vgl. Schweizerischer Bundesrat 2000; http://www.efd.admin.ch (zuletzt aufgesucht am 30.09.2012)

3.2 Budgetplanung als Zusammenspiel von Regeln, Instrumenten und Praktiken

Budgetierungssysteme spiegeln, darauf wurde bereits in Kapitel 2.1 hingewiesen, die Besonderheiten ihres Kontextes wider. Um die Unterschiede im Aufbau bzw. im spezifischen Zusammenspiel von Regeln, Instrumenten und Praktiken zu verstehen, ist es notwendig, sich die Frage zu stellen, welche konkreten Planungsprobleme in den unterschiedlichen Rechts- und Verwaltungssystemen bzw. welche budgetären und konjunkturellen Herausforderungen (Haushaltskonsolidierung, Konjunkturstimulation, etc.) jeweils zu lösen sind/waren. Ein Beispiel: In manchen Staaten gibt es für öffentliche Bedienstete zeitlich vordefinierte (z.B. Biennalsprünge) und/oder einheitliche Gehaltssteigerungen; andere Staaten räumen den öffentlichen Einheiten bei Gehaltsverhandlungen mehr Autonomie ein. Es ist also von Staat zu Staat verschieden, welche automatischen „Kostentreiber" existieren und über welche Mechanismen diese im Budgetierungsprozess Berücksichtigung finden.

Die Budgetplanung wird grundsätzlich von zwei Arten von Mechanismen getragen:

- zum einen durch *„harte" haushaltsrechtliche Regeln* (rechtlich fixierte fiskalische Regeln, Obergrenzen, Regeln für Überschreitungen oder Umschichtungen);
- zum anderen durch *„weiche"*, mehr oder weniger stark standardisierte *Praktiken,* die nicht (vollständig) kodifiziert oder auf andere Weise bindend sind, jedoch in der Budgetierungspraxis eine ähnlich wichtige Rolle spielen (Hochrechnungen, Fortschreibung, Anpassung an Inflation, etc.).

„Harte" Budgetregeln (von fiskalischen Regeln bis hin zu bindenden Budgetwerten von Dienststellen) sind nur dann sinnvoll, wenn sie möglichst generalisierbar, d.h. jahresübergreifend, ressortübergreifend und unabhängig von der konkreten Rolle der Akteure im Budgetprozess (z.B. Finanzministerium oder Fachressort) formuliert werden können. Einzelregelungen (z.B. für unterschiedliche Ressorts oder bestimmte Ausgabentypen) machen das Budgetierungssystem kompliziert, intransparent und anfällig für mikropolitische Strategien der beteiligten Akteure und widersprechen dem Transparenzziel. Da nicht sämtliche praktischen Planungstätigkeiten über kodifizierte Budgetregeln erfasst werden können, dienen „weiche" standardisierte Praktiken dazu, das Wissen um budgetrelevante Aspekte (z.B. im oben angeführten Beispiel die generelle Anhebung der Gehälter um einen bestimmten Prozentsatz) in den Budgetierungsprozess einfließen zu lassen. Haushaltsregeln und Budgetierungspraktiken müssen in einem balancierten Verhältnis zur Lösung der Planungsprobleme beitragen. Im Folgenden wird auf die gängigsten Mechanismen und Instrumente – sowohl solche, die im Regelwerk verankert sind, als auch solche, die sich in der Budgetierungspraxis etabliert haben – eingegangen.

Fiskalische Regeln, Top-down-Budgeting und mittelfristige Ausgabenrahmen

Fiskalische Regeln (vgl. Kap. 3.1), Top-down-Budgetierung und das Instrument des mittelfristigen Ausgabenrahmens (Medium Term Expenditure Framework; MTEF) bilden zusammen ein umfassendes Set von kurz- und mittelfristig greifenden Ansätzen zur Unterstützung der Budgetdisziplin.

Ausgehend von fiskalischen Regeln werden *mittelfristige Ausgabenrahmen*, das sind hochaggregierte, mehrjährige Budgetplanungen, Top-down definiert. *Top-down Budgeting* bedeutet in diesem Zusammenhang, dass dieses aggregierte Budgetergebnis nicht durch Bottom-up-Druck überschritten werden kann. Um eine realistische und trotzdem ambitionierte Finanzpolitik zu gewährleisten, haben sich in der Praxis Top-down-bottom-up-Abgleichverhandlungen etabliert (vgl. dazu Bals 2011). Obgleich die längerfristige Planung insgesamt betrachtet durchaus kein Neuland in der Budgetplanung darstellt, zeichnen sich in jüngerer Zeit mittelfristige Ausgabenrahmen idealiter durch (oftmals gesetzlich verankerte) Verbindlichkeit und eine feste Integration in den Budgetzyklus aus. Insbesondere diese konzeptionelle Verknüpfung mit dem Jahresbudget ist für das Wirksamwerden essentiell: Unterbleibt sie, droht die Parallelführung zweier Budgetprozesse, von denen nur einer – und dies wird in der Regel der jährliche sein – letztlich Steuerungsrelevanz besitzt (vgl. Schick 2009, S. 18).

Mittelfristige Ausgabenrahmen sind eigentlich als Mittel gegen Inkrementalismus angelegt, allerdings können sie, ohne Top-down-Budgetierung und verbindliche fiskalische Regeln, ihrerseits selbst leicht inkrementell verwendet werden, wenn die rollierende Planung dazu führt, dass Posten nicht mehr hinterfragt, sondern „fortgeschrieben" werden (vgl. Schick 2009, S. 3). Als weiterer Hebel zur Optimierung von Leistungs- und Programmstrukturen sollte daher ein wirkungs- und leistungsorientiertes Budgetierungssystem (siehe Kap. 4.2) fungieren, das die Ausrichtung auf strategische Zielsetzungen und -erreichung unterstützt und der bloßen Ausgabenfortschreibung entgegenwirkt.

Auch der gesamtbudgetäre Effekt von Gesetzesbeschlüssen und politischen Programmen lässt sich in mittelfristigen Ausgabenrahmen deutlicher erkennen (vgl. Kraan 2007; Schick 2009). In mehrjährigen Darstellungen lassen sich auch konjunkturbezogene Auswirkungen, Prioritätensetzungen bzw. Potentiale für Verschiebungen besser aufzeigen. Einsparungsnotwendigkeiten werden, so die Hoffnung, die mit mittelfristigen Ausgabenrahmen verbunden wird, frühzeitig erkannt, entsprechende Vorbereitungen auf Verwaltungsebene können rechtzeitig eingeleitet werden.

Die Budgetdebatte wird zwar komplexer, gleichzeitig wird jedoch durch die Vorwegnahme der verbindlichen Planung der Spielraum für zukünftige Finanzjahre eingeschränkt (vgl. Ljungman 2007).

Unabhängige Finanzinstitutionen und deren Prognosen und Analysen

Nutzen und Erfolg der oben beschriebenen Finanzrahmen setzen qualifizierte Prognosen zur Wirtschaftsentwicklung voraus, die von unabhängigen Finanzinstitutionen erbracht werden sollten. Exemplarisch werden Schweden mit seinem mittelfristigen Rahmen (Box 6) und die Niederlande bezüglich der Analysen des „Centraal Planbureau" in Hinblick auf fiskalische Nachhaltigkeit (Box 7) angeführt.

*Box 6: Mittelfristiger Rahmen in Schweden**

Schweden vollzog 1997 die Umstellung von einer unverbindlichen Finanzplanung auf einen dreijährigen Ausgabenrahmen. Eckpunkte sind die makroökonomischen Prognosen hinsichtlich Wachstum, Inflation und Arbeitslosigkeit, verbunden mit Schätzungen der Ausgaben und Einnahmen. Die makroökonomischen Vorschauen werden vom Finanzministerium erstellt; in den Prozess der Ausgabenschätzungen werden auch die jeweiligen Ressorts einbezogen. Der mittelfristige Rahmen unterliegt einer fünf- bis sechsmaligen Aktualisierung im Kalenderjahr. Zusätzlich zu den Schätzungen des Finanzministeriums prognostiziert und veröffentlicht eine unabhängige Agentur die Einnahmen- und Ausgabenentwicklung.

* vgl. Ljungman 2007

*Box 7: „Centraal Planbureau" in den Niederlanden**

Die Niederlande haben ein „Centraal Planbureau", das zwar keine direkte Unterstützungsfunktion für die Parlamentarier wahrnimmt, jedoch unabhängige Expertisen für unterschiedliche Akteure, u.a. das Parlament, bietet. Herausragend ist die Analyse der Wahlprogramme bzw. Regierungsprogramme in Hinblick auf die fiskalischen Effekte. Bei diesen Analysen ist das Bureau für die jeweiligen wahlwerbenden Parteien oder die Regierung tätig. Folgender Fahrplan ist vorgesehen:

- ein Jahr vor der Wahl: mittel- und langfristige Prognose ohne Politikänderung;

- fünf Monate vor der Wahl: erneute Prognose unter Berücksichtigung aktueller Wirtschaftsdaten;
- zwei Monate vor der Wahl: Einschätzung der Programme der Parteien (freiwillig, auf Anfrage der Parteien), Darstellung in sogenannten „Charting Choices", durch welche die Wahlprogramme der unterschiedlichen Parteien vergleichbar sind;
- nach den Wahlen: Einschätzung dcs Koalitionsabkommens;
- einige Monate nach den Wahlen: Entwurf des mittelfristigen Ausgabenrahmens durch das Finanzministerium, basierend auf Schätzungen des Bureau.

Daneben werden vom „Centraal Planbureau" Schätzungen für die Budgetentwicklung sowie Studien über bestimmte Projekte und Vorhaben abgegeben.

* Vgl. Bos 2008

Umgang mit dynamischen Ausgabenentwicklungen in der mittelfristigen Budgetplanung

Zur Unterstützung der Fiskaldisziplin sollten ausnahmslos alle Ausgaben, also auch sogenannte „Pflichtausgaben", die gesetzlich determiniert sind, in den mittelfristigen Ausgabenrahmen einbezogen werden. Es sollte also unterstellt werden, dass sämtliche Ausgaben zumindest mittelfristig disponibel sind. Eine grundsätzliche Frage, der sich ein Ausgabenrahmen stellen muss, ist, wie mit Ausgaben, die sich aufgrund bestimmter Faktoren kontinuierlich entwickeln (z.B. Indexierung von Mieten, Gehaltserhöhung aufgrund von Tarifeinigungen im öffentlichen Dienst, Pensionen oder Sozialleistungen, für die eine Wertanpassung vorgesehen ist), umgegangen werden soll, da ihr Außerachtlassen die Budgetplanung unrealistisch werden lässt.

Eine Möglichkeit, diese Positionen in die Budgetierung zu integrieren, stellen Indexierungen dar, die in Form einer rechtlichen Regel Verbindlichkeit erlangen. Eine solche quasi-automatische Anpassung erleichtert zweifellos den in den Budgetierungsprozess eingebundenen Akteuren (von Fachressorts und Dienststellen bis hin zu ausgegliederten oder geförderten Einheiten) die langfristige Planung (vgl. Tarschys 2009, S. 3). Allerdings baut sie – wie alle inkrementellen Budgetierungsmodelle – auf dem Status Quo auf und entfaltet budgetdynamisierende Wirkungen, ohne das Potential für nachhaltige Produktivitätssteigerungen systematisch zu erforschen. Sieht das Regelwerk gleichzeitig Ausgabenobergrenzen im mittelfristigen Ausgabenrahmen vor (d.h. das Budget ist hochaggregiert

„gedeckelt"), sind diese Steigerungen durch Einsparungen bei anderen Titeln oder Produkten zu kompensieren (Gehaltssteigerungen etwa durch Reduktion des Personals oder durch Einsparung bei anderen Ausgabenpositionen).

Eine Variante, der Budgetdynamisierung entgegen zu wirken, stellt der sogenannte *Produktivitätsabschlag* bzw. die *Effizienzdividende* (vgl. Bals 2008) dar. Darunter wird ein jährlich vorgesehener kleiner pauschaler Abschlag von ein bis zwei Prozentpunkten auf die Fortschreibungsbasis (z.B. Budget der Vorjahre) verstanden. Solche Abschläge werden zumeist nicht in Regelform gegossen, sondern entstammen der Budgetierungspraxis. Ihr Ziel ist es, die Vorteile der Fortschreibung zu nutzen, gleichzeitig aber auch Anreize bzw. Druck zu schaffen, Effizienzpotentiale auszuschöpfen. Produktivitätsabschläge sind von „Konsolidierungsbeiträgen" zu unterscheiden, die zumeist einmalig und höher sind.

Der österreichische Finanzrahmen (siehe Box 8), der auch für andere Staaten wie etwa Dänemark als Modell dient, sieht zwar solche Produktivitätsabschläge nicht gesetzlich vor, in der budgetären Praxis wird dieses Instrument jedoch eingesetzt. In gewissen Bereichen sind variable, anpassungsfähige Obergrenzen inkludiert.

*Box 8: Finanzrahmen in Österreich**

Mit der ersten Etappe der österreichischen Haushaltsrechtsreform wurde ein über vier Jahre gesetzlich verbindlicher Bundesfinanzrahmen eingeführt (im Vergleich dazu basiert die deutsche Finanzplanung auf einem fünfjährigen Plan der Bundesregierung). Der österreichische Finanzrahmen sieht auf Ressortebene gesetzlich verpflichtende Ausgabenobergrenzen vor und ist jährlich rollierend zu erstellen, wobei keine gesetzliche Bindung an die Finanzrahmen der Vorjahre gegeben ist. Das Jahresbudget hat verpflichtend die Ausgabenobergrenzen, sowohl in der Erstellung als auch beim Vollzug, einzuhalten.

Der österreichische Finanzrahmen unterscheidet fixe und variable Obergrenzen. Variable Obergrenzen gelten für konjunktursensible Bereiche (z.B. Arbeitslosengelder, Pensionsversicherungen), verändern sich nach bestimmten, vordefinierten Parametern und wirken als „automatische Stabilisatoren". Der Großteil des Budgets wird über betragsmäßig fixierte Obergrenzen, deren Änderung bzw. Anpassung eines Gesetzesbeschlusses bedarf, gesteuert. Eine Indexierung ist nicht rechtlich verbindlich vorgesehen, wird jedoch in der Budgetplanung bei der Festlegung der Obergrenzen berücksichtigt, ohne dass es eine allgemein gültige Regel gibt, d.h. Indexierungen werden als Argumentarium in den konkreten Budgetverhandlungen eingesetzt.

Die Obergrenzen werden für fünf ressortübergreifende Rubriken aufgestellt, innerhalb derer bei Zustimmung der betroffenen Ressorts Umschichtungen vorgenommen werden können.

Abb. 4: Auszug aus dem Bundesfinanzrahmengesetz 2013 bis 2016 (BGBl. I 25/2012), § 1, Obergrenzen für Rubriken

Rubrik	Bezeichnung	Art der Ausgabenbeträge	Jahr (Beträge in Millionen €)			
			2013	2014	2015	2016
0,1	Recht und Sicherheit	fix	7.899,788	7.779,012	7.627,250	7.778,849
		variabel	88,500	88,500	88,502	88,502
	Summe 0,1		7.988,288	7.867,512	7.715,752	7.867,351
2	Arbeit, Soziales, Gesundheit und Familie	fix	19.919,256	20.479,376	21.203,152	22.064,323
		variabel	15.752,689	15.807,093	15.543,128	15.767,717
	Summe 2		35.671,945	36.286,469	36.746,280	37.832,040
3	Bildung, Forschung, Kunst und Kultur	fix	13.011,379	12.908,162	12.956,149	13.145,183
4	Wirtschaft, Infrastruktur und Umwelt	fix	7.255,552	6.353,314	6.015,721	6.186,978
		variabel	2.074,789	2.113,636	2.150,152	2.190,104
	Summe 4		9.330,341	8.466,950	8.165,873	8.377,082
5	Kassa und Zinsen	fix	8.251,350	8.360,261	8.346,221	9.290,498
	Gesamtsumme		74.253,302	73.889,354	73.930,275	76.512,154

Die Rubriken wiederum werden in ressortspezifische Untergliederungen aufgeteilt, wobei unter Wahrung der Ressorthoheit jeweils nur ein Fachminister zuständig ist. So gibt es etwa drei Untergliederungen für Forschung, da drei Ressorts zuständig sind. Weitere Beispiele für Untergliederungen sind Gesundheit, Sozialversicherung, Inneres, Äußeres oder Finanzverwaltung (zur Budgetgliederung innerhalb der Untergliederung vgl. Box 10).

* Vgl. Steger 2007, 2010

Doppelbudgets

Neben mittelfristigen Ausgabenrahmen stellen auch sogenannte *Doppelbudgets* eine Aufweichung des klassischen Jährlichkeitsprinzips dar. Auch ihr Ziel ist es, die längerfristige Ausrichtung des Haushalts zu unterstützen, die Kosten des Budgetierungsprozesses zu reduzieren, bessere Reaktionsmöglichkeiten zu schaffen bzw. Konsequenzen aus Programmevaluationen zu ziehen. Dem steht gegenüber, dass sie die parlamentarischen Rechte beschneiden, indem Budgetdebatten nur alle zwei Jahre stattfinden, und sowohl die Prognose und Planung des Haushalts in Zeiten sich rasch ändernder oder nur schwer prognostizierbarer Umfeldbedingungen als auch die Reaktion auf geänderte Rahmenbedingungen erschweren (vgl. Snell 2011, S. 6ff.). Doppelbudgets können im Hinblick auf die Mehrjährigkeit unterschiedlich konzipiert sein: Beim „genehmigten" Doppelbudget bezieht sich die Bewilligung des Haushaltskredits auf zwei Jahre, und für den Budgetvollzug ist die Jahresbindung aufgehoben. Ein „beschlossenes" Doppelbudget liegt vor, wenn zwei Jahresbudgets mit jeweils einjähriger Bindungswirkung gleichzeitig geplant, erstellt, parlamentarisch diskutiert und beschlossen werden. Dies ist beispielsweise im österreichischen Bundeshaushalt in Ausnahmefällen (z.B. EU-Präsidentschaft oder Nationalratswahlen zum Jahresende) möglich und wurde zuletzt für die Finanzjahre 2009 und 2010 eingesetzt.

Analysen und Transparenz über mittel- und langfristige Budgetentwicklungen

Abseits von Regeln und Planungsinstrumenten fließen in die Budgetierungsprozesse Informationen ein, die auf eine stärkere strategische und nachhaltige Ausrichtung der Haushalte hinwirken sollen. Solche Informationen stammen beispielsweise aus sogenannten *„Spending Reviews"*[3], die neben Prognosen retrospektive Evaluationen liefern. Von ihnen verspricht man sich einen Allokationseffekt insbesondere bei nicht effektiven und effizienten Programmen.

Sogenannte *„Fiscal Sustainability Reports"* sollen die langfristigen Entwicklungen der Haushalte sichtbar machen. Sie zeigen die zukünftigen finanziellen Verpflichtungen und stellen diese, um den langfristigen budgetären Spielraum („Fiscal Space") zu errechnen, den zu erwartenden Einnahmen gegenüber (vgl. IPSASB 2009). Während klassische Rechnungslegungsinstrumente (unabhängig, ob doppisch oder kameralistisch) nur

---

3 Großbritannien gehört hier zu den Vorreiterstaaten; siehe dazu http://www.hm-treasury.gov.uk/spend_index.htm (zuletzt aufgesucht am 30.09.2012).

aktuelle Verbindlichkeiten und Rückstellungen (etwa für Pensionen) ausweisen, zeigen diese Berichte im Sinne eines Prognoseinstruments auch faktische Verbindlichkeiten (z.B. noch nicht konkret absehbare Verpflichtungen aus Haftungen oder Aufwendungen aus Umweltbelastungen), die zu erwarten, aber noch nicht konkret buchbar sind. Hochgerechnet werden in diesen Berichten über die fiskalische Nachhaltigkeit desgleichen Aufwendungen aus faktischen Leistungsverpflichtungen des Staates (d.h. Aufwendungen, die dem Staat in Zukunft beispielsweise für die Aufrechterhaltung des Gesundheitssystems, zur Gewährleistung einer umfassenden Landesverteidigung oder eines an internationalen Standards ausgerichteten Bildungssystems erwachsen) sowie zu erwartende Staatseinnahmen (vgl. IPSASB 2009).

Berichte über die fiskalische Nachhaltigkeit basieren auf Modellen, die die Ausgaben und Einnahmen mittels Prognosen über makroökonomische (Wachstum, Arbeitslosigkeit, Inflation, Produktivität) sowie demographische Entwicklungen (Migration, Geburtenrate, Altersentwicklung) und aufbauend auf der Annahme unveränderter Politik und der Fortschreibung der geltenden gesetzlichen Bestimmungen hochrechnen. Um mögliche Auswirkungen unterschiedlicher Szenarien darzustellen, werden die Prognosen um zusätzliche Sensitivitätsanalysen erweitert.

International erfreuen sich diese Berichte großer Beliebtheit, wenn auch Bezeichnung, konkrete Ausführung, zugrunde liegendes Prognosemodell, Erstellungszyklus (sie werden entweder jährlich oder in einem zwei- bis fünfjährigen Zyklus erstellt) oder Planungshorizont (dieser beträgt zwischen 40 und 75 Jahre) beträchtlich variieren (vgl. IPSASB 2009). Unter den Pionieren finden sich Schweden und Großbritannien (seit 1999) sowie Australien (seit 2002). Alle drei deutschsprachigen Staaten haben auf Bundesebene – Deutschland seit 2005, die Schweiz seit 2008 und Österreich ab 2013 – dieses Instrument im Einsatz.

■ 3.3 Konzeptionen der Globalbudgetierung

Eines der zentralen Instrumente, mit denen Staaten ihre Haushalte ergebnisorientiert und nachhaltig zu steuern versuchen, ist das Globalbudget. Über eine globale Mittelzuweisung in Form eines „One-line Budget“ werden sowohl die Anzahl der der gesetzlichen Beschlussfassung unterliegenden Budgetelemente deutlich verringert – das Budget in Österreich wird beispielsweise ab 2013 von etwa 1.100 Voranschlagsansätzen, die das Parlament beschließt, auf etwa 70 Globalbudgets reduziert (vgl. Steger 2008) – als auch die sachlichen Bindungswirkungen eingeschränkt. Eine

Globalbudgetierung lockert also die engen Grenzen der Budgetverwaltung, erhöht die Deckungsfähigkeit innerhalb der Haushalte und steigert so die Flexibilität.

Im Rahmen der Globalbudgetierung geht es zunächst um die Deckungsfähigkeit zwischen Ausgabenkategorien (Personal-, Sach-, Förder-/Transfer- bzw. Investitionsausgaben), die in einem klassischen Globalbudget völlig ausgleichsfähig sind. Ist ein vom Parlament beschlossenes Globalbudget weiter untergliedert, ist in der Regel auch eine Deckungsfähigkeit zwischen untergeordneten Budgetelementen möglich. So kann die Verwaltung zwischen sogenannten Subprogrammbudgets oder Produktbudgets flexibel ohne Mitbefassung des Parlaments umschichten. Eine derartige Ermächtigung kann an die Mitwirkung des Finanzministeriums, einer übergeordneten Stelle oder, aus Transparenzgründen, an eine Berichtslegung an das Parlament geknüpft sein. Eine weitere Möglichkeit besteht darin, Zweckbindungen von Einnahmen für bestimmte Ausgabenkategorien aufzuheben bzw. auf ein Minimum zu reduzieren. Des Weiteren kann eine Deckungsfähigkeit zwischen Ermessensausgaben und jenen Ausgaben, die durch gesetzliche Verpflichtungen zu leisten sind, zugelassen werden.

Mit erweiterten Deckungsregeln sind häufig auch Regelungen zur erleichterten *Übertragbarkeit* von Haushaltsmitteln in Folgeperioden bzw. zur Bildung von *Rücklagen* verbunden. Dadurch wird die zeitliche Bindungswirkung bzw. die Jährlichkeit des Haushalts aufgeweicht, um insbesondere dem Phänomen des „Dezemberfiebers" entgegenzusteuern. Bei einer konsequenten Umsetzung der zeitlichen Übertragbarkeit müssten Budgetüberschreitungen mit der Auflage verknüpft sein, diese in der laufenden oder in Folgeperioden einzusparen, was die OECD auch als Best Practice empfiehlt (vgl. Kraan 2007, S. 21).

Mit der Flexibilisierung sind hohe Erwartungen verbunden: Die Verwaltung erhält, so die Überlegung, erhöhte Diskretion in der operativen Ausführung und kann auf geänderte Rahmenbedingungen besser und rascher reagieren, die Prioritätensetzung überdenken sowie geeignete Maßnahmen setzen, um sowohl die finanziellen Ziele als auch ihre Wirkungs- und Leistungsziele zu erreichen. Ein weiterer erwarteter Vorteil wird darin gesehen, dass die Globalbudgetierung eine Basis für die Trennung zwischen strategischer und operativer Führung und deren Verantwortlichkeiten schafft.

Flexibilisierte Haushalte haben aber auch Schwächen und bergen Gefahren, die durch geeignete performance-orientierte Steuerungs- und Kontrollsysteme (vgl. Kap. 4) und optimierte Schnittstellendefinitionen (Parlament, Finanzministerium, Fachressort) ausgeglichen werden müssen:

(1) Zunächst sind hier die Gefahren der Intransparenz sowie der Schwächung der Verantwortlichkeit (vgl. Bowerman 1998, S. 405f.) und damit der Einschränkung der Rechte des Parlaments (vgl. Bracht 2005, S. 253) zu nennen. Daher müssen Hand in Hand mit der Kompetenzverschiebung in Richtung Exekutive bzw. der Beschneidung der Legislative neue Steuerungsmechanismen und -instrumente (wie beispielsweise Berichte über den Budgetverlauf oder Performance Reports) erhöhte Transparenz und größere Kontrollrechte der Parlamente und Kontrollorgane sicherstellen (vgl. Lüder 2001, S. 14; OECD 2002; Steger 2008, S. 8) und Mechanismen zur Stärkung der Verantwortlichkeit der Exekutive gegenüber dem Parlament eingeführt werden. Die Flexibilisierung hat also nicht *per se* eine Entpolitisierung der Prozesse zur Folge, vielmehr kann sie eine Basis für „bessere strategische demokratische Steuerung" (Mäding/Holtkamp 2011, S. 416) schaffen. „Politik gewinnt", so die Bertelsmann Stiftung/KGSt (2009, S. 43), „über die Möglichkeit der Festlegung von Zielen und Produkten/Produktgruppen einschließlich der hierfür erforderlichen Ressourcen einen bisher nicht gekannten Gestaltungsspielraum". Sie muss allerdings auch in die Lage versetzt werden, dies alles tatsächlich zu tun.

(2) In flexibilisierten Haushaltssystemen müssen die Kontrollmechanismen von klassischen Input-Checks auf Output- und Outcome-Kontrolle sowie hochaggregierte Finanzkontrolle umgestellt werden. Finanzdisziplin ist über Obergrenzen in den Ausgabenrahmen und deren Kontrolle sicherzustellen (vgl. OECD 2005; siehe auch Kap. 3.2). Ein vollständiger Rückzug der Oberinstanzen (sei es das Finanzministerium, sei es das jeweilige Fachministerium) aus Input-Kontrollen ist jedoch auch bei Globalbudgets nicht möglich. Input-Kontrolle ist notwendig, um sicherzustellen, dass bestimmte Aufwendungen, die aus gesetzlichen oder vertraglichen Verpflichtungen resultieren, auch erfüllt werden. So kann verhindert werden, dass Budgetdruck auf das Finanzministerium verlagert wird, wenn innerhalb des Globalbudgets nicht ausreichend Mittel für deren Bedeckung zur Verfügung stehen bzw. dafür vorgesehene Mittel schon für andere Zwecke verwendet wurden. Ähnliche Kontrollmechanismen sind für die Bedeckung von Personalaufwendungen vorzusehen. Input-Kontrollen können aber auch ein Substitut bei nicht vollständig funktionierenden Performance-Kontrollen sein, um widmungsgemäßen Mitteleinsatz zu gewährleisten. Ein gewisses Maß an Input-Kontrollen sowie der Ausbau der internen Revision bleiben also auch bei Globalbudgets essentiell, da auch die Gefahr der Korruption tendenziell steigt (vgl. OECD 2005, S. 11; Budäus/Hilgers 2009b).

(3) Weiters sind flankierende Maßnahmen zur strategischen und operativen Unterstützung der Budgetsteuerung zu treffen. Ein laufendes *Control-*

ling hat sicherzustellen, dass die fiskalischen Regeln, ein mittelfristiger Ausgabenrahmen bzw. die in den Jahresbudgets festgelegten Obergrenzen eingehalten werden. Das Controllingsystem hat sich sowohl auf das Finanzministerium (Gesamtbudget) als auch auf die Ressorts und Dienststellen zu erstrecken, wobei sich das Finanzministerium auf die Einhaltung der Obergrenzen und nicht auf Budgetdetails konzentrieren und die ressortinternen Controlling-Stellen durch Monitoring-Prozesse unterstützen sollte. Wenn die zeitliche Bindungswirkung durch Übertragbarkeitsregeln und die betragliche Bindungswirkung durch flexibilisierte Deckungsregeln aufgeweicht sind, ist die sachliche Bindungswirkung durch ergebnis- und zielorientierte Instrumente (im Sinne des Performance Budgeting, vgl. Kap. 4.2) zu stärken. Darüber hinaus ist zu entscheiden, in welcher Form die jeweiligen Dienststellen bzw. Ressorts über dezentral erwirtschaftete Einnahmen und Haushaltsreste verfügen können. Dabei darf nicht außer Acht gelassen werden, dass zwar einerseits Anreize für Dienststellen, zusätzliche Einnahmen zu erzielen, geschaffen werden sollen, diese aber in der Regel auch mit Ausgabenerhöhungen verbunden sind (vgl. dazu auch die Erfahrungen aus der Flexibilisierungsklausel in Österreich in Kap. 5.3). Bei der Verwendung von Haushaltsresten (Bildung von Rücklagen) wiederum ist zu verhindern, dass durch das Ansparen bzw. die Verwendung solcher Rücklagen – zwar nicht intendiert, aber dennoch im Ergebnis – mitunter prozyklische Konjunkturpolitik betrieben werden kann.

Empirische Befunde (insbesondere aus den angelsächsischen und skandinavischen Staaten) zeigen, dass man mittlerweile relativ weit auf diesem Weg in Richtung Globalbudgetierung vorangeschritten ist (vgl. Naschold et al. 1999; OECD 2007; Pollitt/Bouckaert 2011). Bereits im Jahr 2007 gab in einer Erhebung der OECD die Mehrheit der befragten Staaten an, dass verselbständigte Verwaltungseinheiten bzw. Agenturen eine Art von Globalbudget erhalten (und dieses unter gewissen Restriktionen auch überschreiten dürfen). In der Mehrzahl der befragten Staaten werden Budgets explizit mit Leistungszielen verknüpft (mehrheitlich eine Kombination von Output- und Outcome-Zielen). Die konkrete Ausgestaltung variiert von Land zu Land; ein konkretes Beispiel zum Rücklagenregime aus Dänemark wird in Box 9 dargestellt.

*Box 9: Rücklagenregime in Dänemark**

Das dänische Rücklagenwesen sieht vor, dass nicht verbrauchte Budgetmittel vollständig in die Folgejahre übertragen werden können, wobei diese in zwei Gruppen zu teilen sind:

- „Reserves“ sind jene Einsparungen, die dadurch entstehen, dass im Budget geplante Projekte noch nicht begonnen bzw. abgeschlossen wurden. Sie sind zweckgebunden und können nicht zur Finanzierung anderer Projekte verwendet oder „verzinst“ werden.
- „Retained Surplus“ umfasst alle sonstigen Einsparungen und steht ohne Zweckbindung zur Bedeckung von Ausgaben zur Verfügung. Dies betrifft allerdings nicht jene Einsparungen, die durch Faktoren verursacht wurden, die außerhalb des Einflussbereichs der Dienststelle oder Agentur liegen. Solche Einsparungen sind von der Zuführung zum „Retained Surplus“ abzuziehen und in einem Bericht der Agentur darzustellen, der vom Fachministerium sowie vom Rechnungshof kontrolliert wird.

* Vgl. Danish Ministry of Finance 2006

Da sehr viele Ausgaben durch Gesetze fixiert und somit der Diskretion der Verwaltung entzogen werden, reichen die hier genannten Mechanismen für eine nachhaltige Kontrolle der Ausgabendynamik nicht aus. Neue Gesetze führen in der Regel neue Aufgaben ein, die zusätzliche Ausgaben verursachen. Zumeist kann nur ein relativ kleiner Teil der zusätzlichen Ausgaben mittels Verschiebungen oder Einsparungen im Haushalt kompensiert werden. Aus diesem Grund gewinnen *Gesetzesfolgekostenabschätzungen* als Bestandteil der Gesetzesmaterialien an Bedeutung, da diese die Auswirkungen auf Folgehaushalte ersichtlich machen (vgl. Schliemann 2009; Konzendorf 2011; Steiner 2011). Schliemann (2009) spricht in diesem Zusammenhang von einer „Normenbremse“.

Neben Gesetzen bringen auch große Projekte bzw. komplexe Vertrags- bzw. Fördervorhaben langfristige finanzielle Belastungen mit sich, die die zeitliche Bindungswirkung durchbrechen und Folgehaushalte betreffen. Daher sollten solche Vorhaben bei wesentlichen Belastungen auch weiterhin einem Genehmigungsvorbehalt durch Parlament oder Finanzministerium unterliegen. Informationen über finanzielle Belastungen von langfristigen Vorhaben sind für politische Entscheidungsträger ebenso wesentlich wie für die Verwaltungsführung und sollten entweder im klassischen Rechnungswesen oder zumindest in den Berichten zur fiskalischen Nachhaltigkeit transparent ausgewiesen werden.

3.4 Änderungen in der Strukturierung des Haushalts

Die Ausrichtung der Haushalte an ergebnisorientierter und nachhaltiger Steuerung zieht auch Änderungen in der Gliederung des Haushalts nach sich. Diese spiegelt die konzeptionellen Verknüpfungen der einzelnen Bestandteile des Haushaltssystems wider und strukturiert Kernbereiche wie Budgetierung, Rechnungslegung, Berichtswesen und Prüfungshandlungen. Darüber hinaus dienen die Budgetstrukturen im Idealfall als Basis für ökonomische Analysen und statistische Zwecke. Auch politische Diskussionen werden entlang der Budgetstrukturen geführt. Um diese Zwecke erfüllen zu können, können Haushalte nach folgenden vier Kriterien unterteilt werden (vgl. Kim et al. 2007, S. 97; Kraan 2007, S. 9f.; Sarraf 2007, S. 199):

1. funktionale Gliederung,
2. organisationale Gliederung,
3. ökonomische inputbezogene Gliederung,
4. Gliederung nach Programmen, Produkten oder Aktivitäten.

Da Haushalte unterschiedliche Informations- und Steuerungsbedürfnisse erfüllen, sind sie grundsätzlich mehrdimensional strukturiert und verknüpfen die verschiedenen Kriterien der Gliederung. Die zentrale Frage ist somit, welches oder welche Gliederungskriterien die Primärstruktur bilden, nach der das Budget dargestellt und gesteuert wird. Die Primärstruktur stellt die strukturelle Basis für die Budgetplanung, die Mittelzuweisungen und die Berichterstattung dar und ist Anknüpfungspunkt für die Steuerung von Wirkungen und Leistungen. Die anderen Gliederungskriterien treten dabei in den Hintergrund, sind aber auswertbar und werden in „Nebenaufzeichnungen" dargestellt. Im Fall einer Dezentralisierungsstrategie nimmt die organisationsbezogene Gliederung die Rolle der Primärstruktur ein. In einer wirkungs- und leistungsorientierten Budgetierung hingegen wird die Gliederung nach Programmen, Produkten oder Aktivitäten zu einem zentralen Kriterium in der Budgetstruktur (vgl. Kim et al. 2007, S. 110; Sarraf 2007, S. 192; Rubin 2006, S. 1). Die nachfolgende kurze Darstellung geht insbesondere auf internationale Trends der Neugliederung und erforderliche Anpassungen ein.

(1) Die *funktionale Gliederung* orientiert sich an den wesentlichen Staatsfunktionen und dient analytischen und statistischen Zwecken. Hier ändert sich durch die Neuausrichtung vergleichsweise wenig. Zur internationalen Vergleichbarkeit wird bereits seit längerem meist der COFOG (Classification of Functions of Government) angewendet. Beispiele für COFOG-Abteilungen sind etwa Verteidigung, Umweltschutz oder wirtschaftliche

Angelegenheiten. Diese Gliederung korrespondiert nicht zwingend mit den Ressortbudgets, da hier die Mittel nach konkreten Aufgaben zugeordnet werden. So können dem Gesundheitsressort, dessen Ausgaben statistisch überwiegend der COFOG-Abteilung „Gesundheitswesen" angehören, auch Positionen (z.B. Familienförderungen, Ausgaben für medizinische Forschung) aus anderen COFOG-Abteilungen (z.B. Soziale Sicherung) zugeordnet sein.

(2) Die *organisationale Gliederung* verknüpft die Budgets mit den jeweils für die Budgetverwaltung zuständigen Stellen (Ministerien, Dienststellen, Abteilungen). Im Zuge der Umstellung auf Programmbudgets bzw. bei der Delegation und Dezentralisierung von Verantwortlichkeit erfolgt durch die konzeptionelle Verknüpfung der Organisationsstruktur mit der Budgetstruktur vielfach auch eine organisationale Neuordnung.

(3) Die *ökonomische inputbezogene Gliederung* unterscheidet nach den wesentlichen Einnahmen- und Ausgabenkategorien (z.B. Personalaufwand, Transferaufwand, Zinsaufwand). Diese Gliederung rückt zwar im Rahmen einer Globalbudgetierung in den Hintergrund; sie bleibt aber wesentlich für die Detailsteuerung bzw. für statistische Informationen. In klassischen Budgetstrukturen stand die ökonomische Gliederung im Mittelpunkt, da – für die Planung, aber auch im Falle von Überschreitungen – für die unterschiedlichen Ausgabenkategorien (z.B. Personalausgaben, Investitionen) jeweils spezifische Regeln Geltung hatten. Die Gliederung in Pflichtausgaben (gesetzlich determiniert) und Ermessensausgaben war für klassische Haushalte ebenfalls zentral. Dabei waren für die Pflichtausgaben eigene Haushaltsregeln vorgesehen, die eine Überschreitung erleichterten. Ermessensausgaben wurden als grundsätzlich disponibel eingestuft, was für ressortinterne Akteure den Anreiz enthielt, möglichst viele Ausgaben als Pflichtausgaben zu klassifizieren, weil diese in der Planung als „fix" galten und im Vollzug einfacher überschritten werden konnten.

(4a) Gliederung nach Programmen, Produkten oder Aktivitäten: *Programmbudgets:* Grundsätzlich versteht man unter einem Programm eine Gruppe von Leistungen und Outputs, für die ein Bündel an Ressourcen eingesetzt wird, die auf ein gemeinsames Ziel gerichtet sind oder sich durch einen „common mode of intervention", also einen bestimmten Aktivitätstypus auszeichnen (vgl. Robinson/van Eden 2007, S. 65), z.B. nachhaltige ländliche Entwicklung, Sicherung des Zugangs zum Recht oder Verbesserung der Nahrungsmittelsicherheit. Programme umfassen sowohl Leistungen (Outputs) als auch Wirkungen (Outcomes).

Zentral bei der Festlegung von Programmen ist die Abgrenzung von anderen Programmen, wobei hierfür als Orientierungskriterium die Leistungen und die zu erzielenden Wirkungen heranzuziehen sind. Programme werden in einer Hierarchie abgebildet, wobei zumeist die Programme der Beschlussfassung des Parlaments unterliegen und niedrigere Ebenen (Subprogramme) internen Managementzwecken dienen (vgl. dazu das Beispiel des französischen Justizressorts in Box 11). Was die „optimale" Anzahl an Programmen und an Programmhierarchieebenen anlangt, existieren keine allgemeingültigen Empfehlungen; diese sind vom Kontext und dem Programminhalt abhängig.

Welche konkreten Regeln auf der Ebene der Programme gelten, ist in den jeweiligen Haushaltsrechten festzulegen. Hier geht es beispielsweise um folgende Fragen:

- Für welche Budgetaggregate sind gesetzliche Bindungswirkungen vorgesehen?
- Welche Elemente der Budgetstruktur sind nur indikativ, dienen somit der Transparenz und dem Management von Programmen, können aber von der Verwaltung disponibel verwendet werden?
- Zwischen welchen Ebenen sind budgetäre Übertragungen möglich und durch wen (Fachressort, Dienststelle) erfolgen diese? Ist die Mitwirkung des Finanzministers erforderlich? Sind Übertragungen zwischen Ressortbudgets möglich?
- Ist eine Rücklagenbildung möglich? Wenn ja, auf welcher Ebene?
- Welche budgetverwaltenden Stellen sind definiert? Gibt es eine hierarchische Beziehung zwischen den verwaltenden Stellen? Welche Rollen und Rechte (z.B. Berichts- und Mitbefassungsrechte) haben die verwaltenden Stellen auf den unterschiedlichen Hierarchieebenen?
- Grundsätzlich ist zu klären, wie weit die mit Programmbudgets verbundene Delegation von Ressourcenverantwortung gehen soll (vgl. Robinson/van Eden 2007, S. 71; siehe auch Kap. 5). Konkret betrifft dies Fragen wie: Wer definiert Ziele, Wirkungen und Leistungen? Welche Einnahmen werden Programmen direkt zugerechnet und inwieweit dürfen Programmverantwortliche darüber verfügen? Welche Ausgaben werden den Programmen zugerechnet? Nur direkte (diese sollten dem Programmbudget jedenfalls zugerechnet werden) oder auch Overheads bzw. Kosten von Oberbehörden?
- Weiters ist zu klären, wie mit „uneigentlichen" Programmen, also etwa Budgets für Zentralstellen mit rein strategischen Aufgaben oder für Servicecenter, umzugehen ist (vgl. Robinson/van Eden 2007, S. 68ff.).

Um für eine mittelfristige Steuerung von Finanzen und Ergebnissen geeignet zu sein, sollte die Programmstruktur stabil sein. Programme bzw. Subprogramme, die Ressort- und/oder Organisationsgrenzen überspannen, verursachen hohen Koordinierungsaufwand. Daher wird unter Experten (z.B. Robinson/van Eden 2007, S. 82ff; Bals 2011, S. 396ff.; Bouckaert/Halligan 2008, S. 18ff.) die Ansicht vertreten, dass Programme zum Zwecke klarer Verantwortlichkeit grundsätzlich – auch wenn zuweilen aus pragmatischen Gründen davon abgegangen werden muss – mit der Organisationsstruktur verknüpft sein sollen. Das bedeutet, dass Programme einem bestimmten Ministerium und Subprogramme einer bestimmten Organisationseinheit oder Programmverantwortlichen zugeordnet sein sollten. Darüber hinaus wird auch die Notwendigkeit einer konzeptionellen Verknüpfung mit übergeordneten Performance-Ebenen, das sind gesellschaftliche Wirkungsziele, die dienststellen-, ressort- bzw. gebietskörperschaftsübergreifend angestrebt werden, betont (vgl. insbesondere Bouckaert/Halligan 2008, S. 18ff.). Um die Akzeptanz und Umsetzbarkeit sicherzustellen sowie ausreichend Kontextwissen einzubringen, ist es erforderlich, Budgetstrukturen gemeinsam mit den jeweiligen Fachressorts zu erstellen.

Die Qualität der Programmstruktur hat überdies starke Auswirkungen auf die Effektivität anderer Instrumente im Bereich Strategie und Controlling. So knüpft die KLR an die Programmstruktur an und liefert Detailinformationen zu Produkten im jeweiligen Programm/Subprogramm. Ähnlich verhält es sich mit dem Performance-Management-System, das Steuerungsinformationen über die Wirkungen und Leistungen nach der Programmstruktur ermittelt (vgl. dazu Kap. 4.3).

Bei der Umstellung von einer traditionellen Budgetstruktur auf eine programmorientierte (vgl. das Beispiel aus Österreich in Box 10) empfiehlt es sich, auf eine Verknüpfung mit der bisherigen Budgetstruktur zu achten, um die Akzeptanz zu erhöhen und die praktische Nachvollziehbarkeit zu gewährleisten. Eben dies birgt aber auch die Gefahr, eher den Status Quo fortzuschreiben als zum Entstehen neuer Steuerungsphilosophien beizutragen (Küchler-Stahn/Siegel 2010, S. 304, sprechen in diesem Zusammenhang von „Etikettenschwindel").

Box 10: Budgetstruktur des neuen Haushalts in Österreich ab 2013

Primärgliederungskriterium ist die sogenannte Sachorientierung, d.h. es werden Aufgabenbereiche, die auf ein gleichartiges Ziel bzw. Leistungsspektrum ausgerichtet sind, zusammengefasst. In diesem Sinne entspricht die Budgetstruktur einer Programmlogik. Damit verknüpft ist eine organisationale Gliederung insofern, als jedes Element der Budgetstruktur einer Organisationseinheit (Abteilung oder Dienststelle) zugeordnet wird.

Die Budgetstruktur sieht mehrere Ebenen vor (vgl. Abb. 5). Hoch aggregiert werden fünf Rubriken gebildet, die in Untergliederungen (das sind Ressortbudgets, wobei ein Ressort mehrere Untergliederungen verwalten kann) aufgeteilt sind (vgl. dazu Box 8). Diese wiederum werden in Globalbudgets (entsprechen Programmbudgets) konkretisiert, die vom Parlament beschlossen werden und nicht ohne Ermächtigung durch das Parlament in Form einer Novelle zum Bundesfinanzgesetz (entspricht dem Nachtragshaushalt) oder durch Genehmigung durch die Bundesministerin für Finanzen gemäß Überschreitungsermächtigungen im jährlichen Bundesfinanzgesetz überschritten werden können (Beispiele sind Sicherheit, Tertiäre Bildung bzw. Forschung & Entwicklung).

Abb. 5: Modell der Budgetstruktur des österreichischen Bundes ab 2013

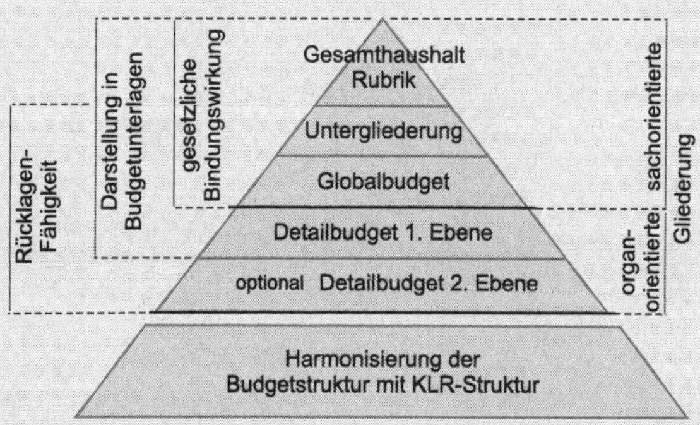

Quelle BMF: http://www.bmf.gv.at/budget/haushaltsrechtsreform/2etappederhaushalts_10081/handbuch_vbr_veranschlagung.pdf?q=handbuchveranschlagung, S. 6 (zuletzt aufgesucht am 30.09.2012)

Diese Globalbudgets werden schließlich in Detailbudgets (diese entsprechen Subprogrammen) auf zwei Hierarchiestufen weiter aufgespalten. Detailbudgets werden zur Delegation von budgetärer Verantwortlichkeit für Transferbudgets für bestimmte Förderungsbereiche (z.B. Schulfreifahrten, Opferhilfe), für Budgets für zentrale Steuerung bzw. zentrale Dienste oder für Dienststellenbudgets (z.B. für Justizanstalten oder Finanzämter) gebildet. Die Detailbudgets werden nach pragmatischen Gesichtspunkten im Einvernehmen zwischen dem Finanzministerium (als „Gatekeeper" zur Sicherstellung einer sinnvollen Budgetstruktur) und den Fachressorts entwickelt. Die KLR ist mit der Budgetstruktur verknüpft. Sie schlüsselt auf einer nicht-gesetzlichen und nicht öffentlichkeitswirksamen Ebene die Kosten nach Leistungen, Projekten oder Organisationseinheiten auf und liefert somit zusätzliche Informationen für Steuerung und Planung des Haushalts sowie für ressortübergreifende Benchmarkingaktivitäten für Shared Services (z.B. zentrale IT-Dienste, Gebäudeverwaltung).

Als Grundregeln für die Erstellung der Budgetstruktur wurden neben organisationalen Erwägungen die Größe und der Umfang des Budgetbereichs sowie das Prinzip des einheitlichen Leistungs- und Wirkungsspektrums vorgegeben. Darüber hinaus spielten Überlegungen betreffend die internationale Vergleichbarkeit eine Rolle: zum einen wurden bewusst international übliche Bezeichnungen gewählt (z.B. Schulen der Primärstufe und Sekundärstufe I bzw. Tertiäre Bildung); zum anderen wurden Detailbudgets nach in internationalen Statistiken üblichen Gliederungskriterien zusammengesetzt (z.B. werden Bildungsbudgets nach Primär- und Sekundärstufe unterteilt).

Die praktische Umsetzung dieser Grundregeln machte die Komplexität und Multidimensionalität der beschriebenen Prozesse deutlich: Wie zu erwarten war, wurde durch die Festlegung der Budgetstruktur ein Nachdenkprozess über die Adäquanz der aktuellen Organisationsstruktur initiiert, der Anpassungen in mehreren Ressorts zur Folge hatte. So wurde in manchen Ressorts zum Thema, dass (organisationsstrukturell betrachtet) hierarchisch gleichrangige Abteilungen auf unterschiedlichen Hierarchieebenen in der Budgetstruktur abgebildet wurden, d.h. manche als Globalbudget und andere als Detailbudget, weil dies der Programmlogik besser entsprochen hatte.

Auch Fragen betreffend die Konsistenz und Einheitlichkeit innerhalb des gesamten Haushalts waren zu diskutieren: Sollen formal gleichartige Programme oder Dienststellen immer als Detailbudgets eingerichtet werden, selbst wenn einzelne sich aus Gründen der Größe (z.B. Polizeiinspektionen oder Botschaften) oder des mangelnden Entscheidungsspielraums (z.B. Bezirksgerichte, deren Ressourcenentscheidungen vom zuständigen Oberlandesgericht getroffen werden) nicht eignen? Aber auch Erwägungen betreffend die Rücklagenfähigkeit bzw. die Übertragbarkeit von Budgets und das damit verbundene Ausmaß an

Abb. 6: Budgetstruktur des österreichischen Bundesministeriums für Justiz (BMJ)[a]

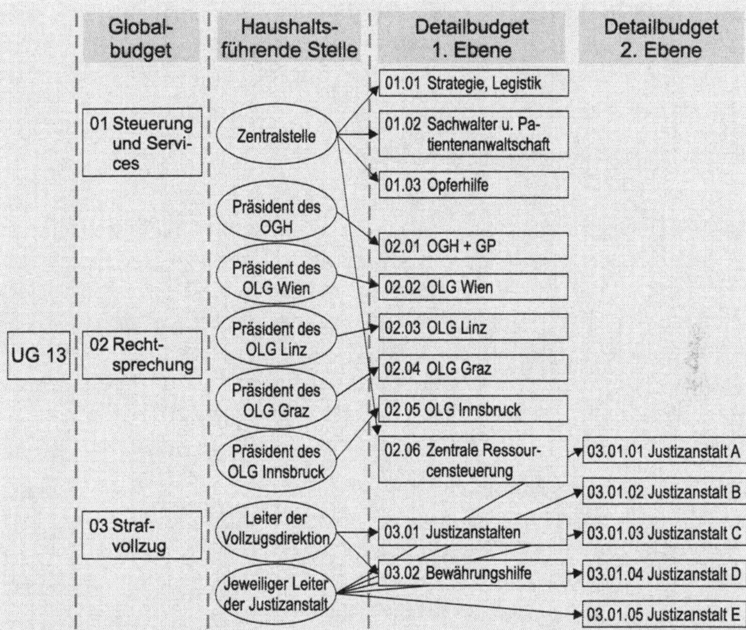

a – Vgl. Schulungsunterlagen des österreichischen BMF zur Haushaltsrechtsreform, vereinfachte Darstellung

Delegation spielten eine nicht zu unterschätzende Rolle. So wurden in manchen Ministerien für nachgeordnete Dienststellen keine Detailbudgets eingerichtet bzw. diese der Zentralstelle zur Verwaltung zugewiesen, um die Budgetmacht nicht vollständig zu delegieren.

Daneben wurde deutlich, dass mit der Einordnung in die hierarchische Budgetstruktur auch eine symbolische Bedeutung und ein bestimmter Status verbunden werden: So wurde beispielsweise dem besonderen rechtlichen Status von Organisationen (z.B. Höchstgerichte) durch eine möglichst hohe hierarchische Einordnung in das Budgetgefüge Rechnung getragen. Als schwierig erwies sich die Festlegung der Budgetstruktur insbesondere bei unklaren Kompetenzen und Verantwortlichkeiten für Finanzen, Leistungen und Wirkungen sowie bei fragilen, sich häufig ändernden Organisationsstrukturen: hier ist es problematisch, die

Programmstruktur an die Organisationsstruktur anzulehnen, da die häufigen Änderungen eine kontinuierliche Steuerung nahezu verunmöglichen.

Als Anschauungsbeispiel (vgl. Abb. 6) dient die Budgetstruktur des österreichischen Justizministeriums mit drei Globalbudgets und zahlreiche Detailbudgets auf der ersten und zweiten Ebene.

*Box 11: Programmbudget des LOLF (loi organique relative aux lois de finances)**

Das französische Haushaltsgesetz sieht eine Strukturierung des Budgets in 47 „missions" vor. Diese bilden die wesentlichen Politikbereiche ab und werden einzeln parlamentarisch debattiert. Die „missions" sind wiederum in Programme und Subprogramme unterteilt. Das Justizbudget als eine „mission" ist z.B. in folgende Programme gegliedert: Justizverwaltung, Gerichtsbarkeit, Strafvollzugsanstalten, Rechtsschutz von Jugendlichen, freier Zugang zu Justiz und Rechtshilfe oder Unterstützung der Justizpolitik und verbundener Organisationen.

Die Aufteilung in Programme obliegt der Entscheidung des Ministers, allerdings werden die Programme vom Parlament beschlossen. Die Subprogramme sind ausschließlich indikativ und nicht gesetzlich fixiert, sodass „Programmmanager" entsprechend den Prioritäten budgetäre Umschichtungen vornehmen können.

* Vgl. Lannaud 2007; Ministère de l'Économie, des Finances et de l'Industrie 2011

(4b) Gliederung nach Programmen, Produkten oder Aktivitäten: *Produktorientierte Haushalte und Produkthaushalte:* Produkthaushalt und produktorientierte Haushalte sind Ausprägungsformen der Programmorientierung. Der *produktorientierte Haushalt*[4] ist eine im deutschen HGrGMoG vorgesehene Zweitgliederung des Haushalts. Kennzeichnend ist die Ergänzung (im Sinne einer Erläuterung) des rein finanziellen Inputs um den erwarteten Output in Form von Verwaltungsleistungen/-produkten. Zur Beschreibung der Leistungsangaben werden in der Regel Kennzahlen beigefügt. Dieser Output-Bezug soll dazu dienen, den Haushalt stärker an Ergebnissen und Leistungen auszurichten. Allerdings erfolgt die Mittelzu-

---

4 Das Gesetz zur Modernisierung des Haushaltsgrundsätzegesetzes (HGrGMoG) versteht unter einem Produkt „grundsätzlich eine Verwaltungsleistung oder ein Bündel dieser Leistungen bzw. das Ergebnis von Leistungserstellungsprozessen (...), die sich an Empfänger außerhalb der Verwaltung richten".

weisung weiter über die Titel, auf denen die haushaltsgesetzliche Bewilligungs- und Ermächtigungsgrundlage liegt (siehe HGrGMoG). Da die Primärstruktur des Budgets klassisch bleibt, richtet der produktorientierte Haushalt die Budgetgliederung nicht auf Ziele und Ergebnisse aus, sondern liefert zusätzliche Informationen über die Ergebnisse staatlicher Aktivitäten in den Budgetunterlagen mit.

*Box 12: Budgetstruktur des Haushalts in Hessen**

Der Haushalt in Hessen gliedert den Gesamthaushalt in Teilhaushalte (sogenannte Verwaltungszweige), die wiederum in Kapitel und gegebenenfalls in Abteilungen untergliedert sind. Es gibt 14 Teilhaushalte (wie etwa der Hessische Landtag, die Ministerien, der Staatsgerichtshof oder der Hessische Rechnungshof). Das Hessische Kultusministerium beispielsweise ist in sieben Kapitel (Ministerium, Fördermittel, Institut für Qualitätsentwicklung, Erwachsenenbildung, Staatliche Schulaufsicht, Schulen und Lehrerbildung) gegliedert. Für jedes dieser Kapitel werden mehrere Produkte festgelegt. Im Kapitel „Schulen" sind das etwa Bildung und Erziehung in der Grundschule, in der Hauptschule sowie in weiteren Schultypen, die Förderung kommunaler Schulträger oder Berufsausbildung der Assistenten.

Für den Teilhaushalt werden ein Oberziel sowie Fachziele festgelegt, denen die Produkte zugeordnet sind. Das Oberziel des Kultusministeriums lautet etwa:

> „Die Erfüllung des staatlichen Bildungs- und Erziehungsauftrags hat für die hessische Landesregierung hohe Priorität. Das Bildungsangebot in Hessen soll – basierend auf der Schaffung möglichst gleicher Startchancen für alle – im Sinne eines begabungsorientierten, lebensbegleitenden Lernprozesses in weitgehend selbstverantwortlichen Einrichtungen mit weiter zunehmender Ganztagsbetreuung, die allen gesellschaftlichen Gruppen offen stehen, erfolgen und zu bundesweit anerkannten Abschlüssen führen." (Auszug aus dem Hessischen Haushalt 2012, Einzelplan 04 Hessisches Kultusministerium, S. 4)

Daraus abgeleitet hat das Ministerium folgende Fachziele formuliert:

„1. Qualitätsgesichert allgemeinbildende Abschlüsse ermöglichen
2. Qualitätsgesichert berufliche Abschlüsse ermöglichen
3. Qualitätsgesicherte Schulabschlüsse durch individuelle Förderung, Ganztagsangebote sowie weitere schulformübergreifende Maßnahmen ermöglichen

4. Lebenslanges Lernen durch Weiterbildung nach dem Hess. Weiterbildungsgesetz ermöglichen
5. Internationale kulturelle Zusammenarbeit pflegen und fördern
6. Privatschulwesen gewährleisten (Art. 7 Abs. 4 GG)
7. Lehrkräfte zukunftsorientiert qualifizieren
8. Religionsgemeinschaften fördern"

(Auszug aus dem Hessischen Haushalt 2012, Einzelplan 04 Hessisches Kultusministerium, S. 4)

Abb. 7: Auszug aus dem Hessischen Haushalt 2012, Einzelplan 04

Erläuterungen zu Produkt Nr. 8 (neu):
Ministerielle Steuerung von allgemeinbildenden Schulen sowie Leistungen zur Wahrnehmung von deutschen und hessischen Kulturinteressen im Ausland

IPR-Nr. 311 - Schulische Allgemeinbildung

1. **Erbringer**
   Ministerium HKM
2. **Rechtsgrundlage oder sonstige Grundlage**
   EU-Vorschriften, GG, Hess. Verfassung, Bundes- und Landesgesetze, HScHG, Verordnungen, Verwaltungsvorschriften sowie Richtlinien in der jeweils gültigen Fassung
3. **Produkt- und Leistungsbeschreibung**
6. **Mengen- und Qualitätskennzahlen**

	Einheit	Soll 2012	Soll 2011	Ist 2010	Ist 2009	Ist 2008
6.1 Zählgröße/Menge						
Beratungseinheiten	Pers.tage	11.649	-	-	-	-
6.2 Kennzahlen zur Leistungswirkung (Effektivität der Leistungen)						
6.2.1 Kompetenten und umfassenden Aufgabenvollzug sicherstellen						
Anzahl Schüler in allgemeinbildenden Schulen	Schüler	611.614	-	-	-	-
Anzahl allgemeinbildende Schulen	Schulen	1.749	-	-	-	-
6.3 Kennzahlen zur Finanzwirtschaft (Effizienz der Leistungen)						
6.3.1 Produktabgeltung wirtschaftlich einsetzen						
Produktabgeltung je Menge	EUR	1.771,65	-	-	-	-
6.3.2 Ministerielle Steuerung mit angemessenem Aufwand ausüben						
Relative Entwicklung je Produktmenge	in %	-	-	-	-	-
Relative Entwicklung der Produktabgeltung je Menge	in %	-	-	-	-	-

Quelle: Hessisches Kultusministerium, S. 12f.

Für Fachziele werden Produkte, denen konkrete Budgetwerte zugewiesen werden sowie bei denen auf den jeweiligen Buchungskreis verwiesen wird, festgelegt. So sind beim 4. Fachziel die Produkte „Förderung der Weiterbildung und des lebenslangen Lernens“, „Außerschulische Weiterbildung“ sowie „Staatliche Prüfungen von Externen“ vorgesehen, beim 5. Fachziel „Leistungen zur Wahrnehmung deutscher Kulturinteressen im Ausland“, „Anerkennung von Bildungsnachweisen“ und „Bildung von Studierenden aus Entwicklungsländern“.

Für die einzelnen Produkte sind Ziele, Mengengrößen und Kosten pro Einheit zu definieren, mit denen das Budget festgelegt wird.

* Vgl. http://www.hmdf.hessen.de/irj/HMdF_Internet?cid=5a30c8ef772b61c082c1072ffd7faf8d (zuletzt aufgesucht am 30.09.2012)

Während der produktorientierte Haushalt Informationen zusätzlich zum klassischen Haushalt liefert und die Steuerung weiterhin über die ökonomisch orientierte Haushaltsstruktur erfolgt, relativiert – wie im vorigen Subkapitel ausgeführt – das Programmbudget die Bedeutung der ökonomischen Budgetgliederung für Steuerungszwecke weitgehend. An diese Logik knüpft auch der *Produkthaushalt* an: Hier wird nur auf hochaggregierter Ebene (Teilhaushalte und Kapitel) die traditionelle Gliederung beibehalten. Die feinstrukturierte Gliederung nach Titeln innerhalb der Kapitel wird von einer Produktsicht abgelöst, d.h. haushaltsgesetzliche Bewilligungs- und Ermächtigungsgrundlage sind die nach Produkten strukturierten Mittelzuweisungen. Je Produkt sind qualitative und quantitative Kennzahlen zu definieren, mit denen die Aufgabenerfüllung und die Zielerreichung beurteilt werden können (vgl. HGrGMoG). Verbunden damit sind die Dezentralisierung der Ressourcenverantwortung und die Integration von Fach- und Ressourcenverwaltung (siehe dazu Kap. 5).

Ein ergebnisorientiert strukturierter Haushalt bildet die Grundlage für eine entsprechende Budgetsteuerung; Instrumente, mit denen Haushalte mittelfristig nachhaltig ausgerichtet sind, ermöglichen die Flexibilisierung und eröffnen den notwendigen Handlungsspielraum für die Verwaltung. Um aus all den Bestandteilen eine integrierte Steuerung zu machen und zu verhindern, dass durch die Lockerung der Input-Kontrolle ein Steuerungsvakuum entsteht, ist es erforderlich, die einzelnen Steuerungsgrößen der Leistungserbringung im Rahmen eines umfassenden Performance-Management-Systems zu verknüpfen. Rubin und Kelly (2007, S. 575) geben in diesem Zusammenhang die Beschreibung eines schwedischen Interviewpartners über die Anfänge des neuen Steuerungsregimes Ende der 1990er/Anfang der 2000er Jahren in Schweden wieder:

„(...) it was a golden age for public administration in Sweden because the input controls had been relaxed but the output and outcome controls were not effective.“

Mit den Möglichkeiten und Grenzen einer Performance-Perspektive beschäftigt sich das folgende Kapitel.

4 Eine integrierte Performance-Perspektive auf den Haushalt

Im Rahmen der NPM-Reformen – aber auch in Konzeptionen der Public Governance oder des Neo-Weberianischen Staates (vgl. Pollitt/Bouckaert 2011) – setzte sich die Idee durch, öffentliche Verwaltungen an ihrer Performance zu messen und „darüber Rechenschaft einzufordern, welche Ergebnisse und Wirkungen durch öffentliche Ausgaben und das Handeln der Verwaltung tatsächlich erzielt werden" (Proeller/Siegel 2009, S. 456). Die Reforminitiativen der letzten Jahrzehnte resultierten vor allem in gesteigerter Managementautonomie und Flexibilität und – damit verbunden – verstärkter Dezentralisierung (vgl. dazu Kap. 5). Gleichzeitig hatte die damit auch verbundene Fragmentierung und fehlende Gesamtschau gerade in jüngerer Zeit gegenläufige Entwicklungen zur Folge: zu nennen sind hier beispielsweise Instrumente zur Stärkung der Steuerung durch die Zentrale (z.B. Public-Corporate-Governance-Kodizes oder Richtlinien für das Beteiligungsmanagement), die Einführung von Risikomanagement- und internen Kontrollsystemen (z.B. INTOSAI 2004) oder verstärkte Rechenschaftslegung etwa in Form konsolidierter Jahresabschlüsse.

Vor diesem Hintergrund ist die Forderung nach einem geeigneten Instrumentarium, welches dem autonomen Handeln dezentraler Einheiten der Verwaltung sinnvolle Grenzen setzt, zu verstehen. Aus einem strategischen Blickwinkel steht insbesondere die konsequente Ausrichtung auf die Gesamtziele und -aufgaben der öffentlichen Verwaltung im Mittelpunkt. Eine Reihe von – je nach Auslegung und Ausgestaltung unterschiedlich vielschichtigen – Konzepten und Instrumenten hat sich rund um den zentralen Begriff der „Performance"[1] etabliert.

Dieses Kapitel beschäftigt sich zunächst mit den Grundlagen und Zielen einer Performance-Orientierung und nimmt die Abklärung zentraler Begrifflichkeiten vor (Kap. 4.1). Im Anschluss wird auf die Möglichkeiten und Formen des Performance Budgeting eingegangen (Kap. 4.2). Anschließend werden Konzepte und Instrumente des Performance Management

1 „Performance" wird in der Regel mit „Erfolg", „Leistung", „Ergebnis" oder auch „Wirkung" übersetzt – etwas verkürzend, wie wir finden. „Performance" kann breiter gefasst werden (a) als eher neutrale Form der Messung der Produktion von Leistungen, (b) als Kompetenz oder Befähigung zu Leistungen („capacity") oder (c) wertend als „gute" (d.h. erwünschte) Ergebnisse (vgl. van Dooren et al. 2010, S. 2f.). In diesem Beitrag möchten wir den vielschichtigen Charakter des Begriffs erhalten und verwenden deshalb den angelsächsischen Terminus.

(Kap. 4.3) sowie eines Performance Reporting, Auditing und Evaluation (Kap. 4.4) diskutiert. Zum Abschluss (Kap. 4.5) werden nochmals die Herausforderungen aufgerollt, mit denen eine integrierte Performance-Perspektive in der Praxis konfrontiert ist.

4.1 Performance-Orientierung: Grundlagen, Begrifflichkeiten, Ziele

Die konsequente Ausrichtung von Verwaltungssystemen auf das Erreichen von Performance-Zielen kann in Form eines integrierten Regelkreismodells gedacht werden (siehe Abb. 8; vgl. beispielsweise auch Moynihan 2008 sowie Hilgers 2009).

Abb. 8: Eine integrierte Sicht auf performance-orientierte Verwaltungsführung

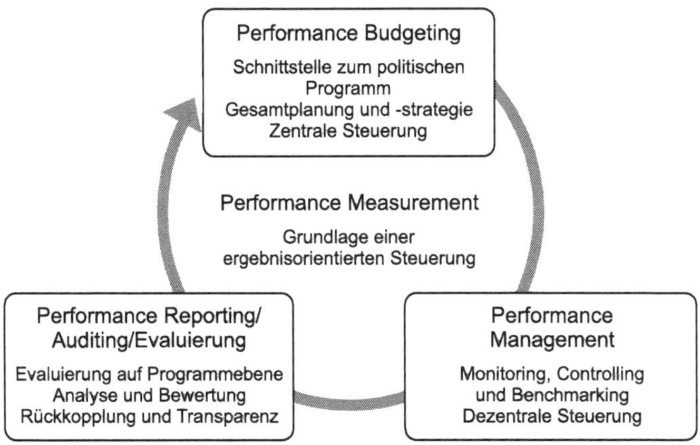

Idealiter stellt *Performance Budgeting* den Ausgangspunkt einer performance-orientierten Verwaltungsführung dar: Als eine „form of budgeting that relates funds allocated to measurable results" (OECD 2007, S. 20; siehe auch OECD 2005) definiert es über die den einzelnen Programmen und Subprogrammen zugewiesenen Ressourcen zentrale inhaltliche Schwerpunkte und dient als gesamtstrategisches Steuerungsinstrument durch die Verschränkung von budgetären und politischen Prozessen (vgl. van Dooren et al. 2010; Wanna 2010b, S. 290).

Es liefert auch das Fundament für *Performance Management* im engeren Sinne: Im operativen Management erfolgt die Übertragung der Performance-Ziele auf die Fachbereiche und die dezentralen Einheiten (d.h. insbesondere auch die in Kap. 3.4 erwähnte Abstimmung von Subprogrammen des Budgets mit den Organisationsstrukturen der Verwaltung) sowie die dezentrale Steuerung und ein laufendes Monitoring, Controlling und Benchmarking.

Über das *Performance Reporting* erfolgt schließlich eine Rückkopplung an die Verwaltungsspitze und politische Verantwortliche sowie die interessierte Öffentlichkeit; dies kann auch eine Evaluierung auf Programmebene sowie ein Performance Auditing beinhalten. Performance Reporting soll der Steigerung der Transparenz und der Stärkung der Verantwortlichkeit (Performance Accountability) sowohl innerhalb der Verwaltung als auch gegenüber externen Anspruchsgruppen (internes und externes Reporting) und der Evaluierung dienen; Performance Auditing hingegen soll die Effektivität von Programmen erhöhen.

Diesen drei Eckpfeilern einer Performance-Orientierung liegt ein nicht unproblematischer Themenkomplex zugrunde: *Performance Measurement* – die sinnvolle Messbarmachung von Ergebnissen, Leistungen und Wirkungen des Verwaltungshandelns (vgl. van Dooren et al. 2010; Nullmeier 2011). In der Praxis hängen alle vier Elemente aus Abbildung 8[2] eng zusammen und sind als analytische Kategorien zu fassen. Fragen der Messbarmachung von Performance haben seit mehreren Dekaden zentrale Bedeutung in Verwaltungswissenschaft und -praxis. Während der Fokus im Zuge der NPM-Bewegung auf einer Ausdifferenzierung diverser Performance-Management-Instrumente lag, dominieren im Soge der Public-Governance-Debatte gegenwärtig Fragen der Verantwortlichkeit und Transparenz auf Basis entsprechender Berichtslegung und die Ausgestaltung zu einem umfassenden und mit der Budgetierung gekoppelten Performance Management.

4.2 Performance Budgeting

In den OECD-Staaten ist insbesondere seit den 1990er Jahren ein verstärkter Trend zur performance-orientierten Haushaltsplanung und -steuerung zu beobachten: Richtungsweisende Beispiele dieser zumeist auf Bundesebene angesiedelten Reformen sind – basierend auf den Berichten der

2 Die hier vorgeschlagenen Begrifflichkeiten werden in der Literatur nicht konsistent verwendet. Insbesondere „Performance Management" wird bisweilen deutlich weiter – im Sinne eines Überbegriffs und synonym zu „Performance-Orientierung" – verwendet.

OECD (2007) – die USA, Neuseeland, Australien, Großbritannien sowie die skandinavischen Staaten (vgl. Küchler-Stahn/Siegel 2010). Diese Staaten verfügen auch bereits über viele Jahre Anwendungspraxis.

Österreich und Deutschland hingegen können mit wenigen Ausnahmen (wie Hessen, das den Produkthaushalt eingeführt hat; siehe dazu Box 12 und Kap. 6.1.1; oder einzelne Dienststellen im österreichischen Bund, vgl. die Flexibilisierungsklausel in Kap. 5.3) noch kaum auf praktische Erfahrung mit umfassenden Performance-Budgeting-Systemen verweisen; die Schweiz hat auf Bundesebene in ausgewählten Dienststellen mit FLAG (vgl. Kap. 5.2) zentrale Elemente des Performance Budgeting umgesetzt, während auf kantonaler Ebene bereits deutlich mehr Umsetzungserfahrung besteht. So konstatiert auch Bergmoser (2011), dass „Zielfindung und -koordinierung in der Planungsphase des Budgetprozesses nicht hinreichend institutionalisiert sind“ (S. 536).

Globaler Auslöser für Performance Budgeting war insbesondere der gesteigerte Sparzwang im öffentlichen Sektor, gepaart mit erhöhten Ansprüchen an öffentliche Leistungen; die NPM-Bewegung war ein zentraler Treiber in diese Richtung. Entsprechend gestalten sich auch die Erwartungen, die an Performance Budgeting gestellt werden (vgl. OECD 2007): Ausgabenkontrolle, adäquate Ressourcenallokation, Effizienzsteigerungen, verbesserte Leistungserstellung und -erbringung, Transparenz und Verantwortlichkeit.

Performance Budgeting strebt die Verwendung von Performance-Informationen im Zuge der Budgeterstellung und Zuweisung von Ressourcen mit dem Ziel einer erhöhten Effizienz und Effektivität an. Es existiert allerdings weder eine einheitliche Definition (für einen Überblick siehe Hilgers 2009; Kalatschan 2008), noch besteht Übereinstimmung, welche Informationen in welcher Form in welcher Phase des Budgetierungsprozesses einfließen sollen. Im Zentrum der allgemein anerkannten (jedoch relativ abstrakt gehaltenen) Definition der OECD (2007) steht die Bereitstellung konkreter und genauer Performance-Daten für Regierung und Parlament (sowie Öffentlichkeit) als Grundlage für strategische Prioritätensetzung und Allokationsentscheidungen, sowie die Verknüpfung von zugewiesenen Geldmitteln und messbaren Ergebnissen. Das Instrument soll in letzter Konsequenz zu konkreten Verhaltensänderungen bzw. zur Reallokation von Budgetmitteln (sowohl innerhalb des Gesamthaushalts, eines Ressorts oder innerhalb von Programmen und/oder Dienststellen) führen – was jedoch nach wie vor zu den zentralen Herausforderungen gehört (vgl. Robinson 2007e).

Die Erwartungen an das Performance Budgeting sind hoch. So wird beispielsweise, im Unterschied zur traditionellen Budgetierung, gefordert:

- auf konkrete Resultate (Leistungen und/oder Wirkungen) abzustellen;
- inklusiv zu sein (d.h. Politik, andere Gebietskörperschaften, Verwaltung und Bürger – direkt wie indirekt – in die Prozesse zu involvieren);
- Flexibilität und Verantwortlichkeit sowohl für Zentralstellen als auch dezentrale Einheiten – in der Regel durch Globalbudgetierung (vgl. Kap. 3.3) – zu stärken;
- die Planung mittel- bis langfristig auszugestalten (zur Abkehr von der Jährlichkeit und zu entsprechenden Instrumenten siehe Kap. 3.1, 3.2);
- die Transparenz zu erhöhen.

Diesen hohen Ansprüchen wird das Performance Budgeting freilich nicht immer gerecht: zum einen kann es „missbraucht" werden, um bestehende Organisationsbudgets zu legitimieren, zum anderen folgt die Ressourcenzuweisung oft (kurzfristigeren) politischen Prioritäten, was die Logik der Performance-Orientierung konterkariert.

Eine OECD-Studie aus dem Jahr 2007 (S. 21f.) unterscheidet drei Grund- oder Idealtypen des Performance Budgeting hinsichtlich konzeptioneller Verknüpfung zwischen Haushalt und Performance, die sich in der Praxis verwaltungskulturell bedingt in unterschiedlichen Ausprägungen finden (vgl. Robinson 2007b):

(a) *„Presentational Performance Budgeting":* Performance-Informationen fließen nicht direkt in den Budgetierungsprozess ein, sondern dienen ausschließlich als Hintergrund- und Zusatzinformation in den Budgetdokumenten, wie es etwa bei der produktorientierten Budgetierung der Fall ist (vgl. Kap. 3.4). Obwohl kein direkter Zusammenhang zwischen Mittelzuweisung und der jeweiligen Performance besteht – damit also auch nur indirekte Steuerungseffekte (strategische Überlegungen, Entscheidungsfindung) erreicht werden können –, ist hier der Transparenzgedanke zentral.

(b) *„Performance-informed Budgeting":* Hier werden zugeteilte Ressourcen bereits mit vergangenen oder mit geplanten zukünftigen Performance-Informationen in Bezug gesetzt. Die Logik des Globalbudgets (vgl. Kap. 3.3) wird mit der Darstellung der damit zu erreichenden Ziele, Wirkungen und Leistungen erreicht, ohne dass sämtliche Elemente mathematisch-logisch miteinander verknüpft sind: Performance-Daten fließen argumentativ in den Budgetprozess ein und sind eine wichtige Planungsgröße im Entscheidungsprozess bzw. in der Ressourcenallokation – determinieren diese aber nicht. Die praktische Ausgestaltung beinhaltet in der Regel als Grundrequisiten (Wirkungs-)Ziele sowie konkrete Produkte und Leistungen, wobei die Zielerreichung über Indikatoren gemessen wird und die Darstellung in Form von Outcome und Output Statements erfolgt.

„Performance-informed Budgeting" zielt insbesondere auf eine verbesserte und fundierte Planung ab (d.h. es ist eine konzeptionelle Verknüpfung der Elemente einer umfassenden Performance-Orientierung, nicht jedoch eine technische) und ist das derzeit in der internationalen Verwaltungspraxis am häufigsten anzutreffende System. Im deutschsprachigen Raum weist das österreichische Modell einen zwar losen, aber dennoch bestehenden Zusammenhang mit „Performance-informed Budgeting" auf: Es sind pro Untergliederung (entspricht dem Budgetkapitel) bis zu fünf hochaggregierte Wirkungsziele mit Maßnahmen und Wirkungskennzahlen und je Globalbudget bis zu fünf Maßnahmen mit Erfolgsindikatoren zu definieren. Diese werden im Budget gemeinsam mit den Ressourcen dargestellt und diskutiert. Einzige Haushaltsregel in diesem Zusammenhang ist die finanzielle Leistbarkeit innerhalb der Obergrenzen, die einzelnen Ziele bzw. Maßnahmen werden jedoch nicht mit Budgetwerten hinterlegt. Das schweizerische FLAG (vgl. Kap. 5.2) und insbesondere der Produkthaushalt (vgl. Kap. 3.4) stellen stärkere Bezüge zwischen Performance und Ressourcenzuweisung her.

(c) *„Direct/Formula Performance Budgeting" bzw. Formelbudgets:* Die dritte Kategorie geht schließlich einen entscheidenden Schritt weiter und weist Ressourcen basierend auf Resultaten zu. Es besteht also ein direkter Zusammenhang zwischen Performance und Budget, verbunden mit einem hohen Grad an Automatismus in der Ressourcenzuteilung. Formelbudgets sind in unterschiedlichen Ausprägungen anzutreffen, werden jedoch nie flächendeckend für einen gesamten Haushalt umgesetzt. Sie treten auf unterschiedlichen Ebenen auf und ergänzen den Budgetierungsprozess oft als Allokationsmechanismus „im Hintergrund" der formalen Budgetregeln. Insbesondere haben sie Bedeutung in ausgegliederten bzw. geförderten Einheiten und finden Anwendung in spezifischen Politikbereichen (z.B. Gesundheit durch fallabhängige Abrechnung, Bildung im Sinne abschlussbezogener Leistungsabgeltungen oder studienplatzbezogener Mittelzuweisung, Wissenschaft durch publikationsabhängige Ressourcenausstattung) sowie in der Finanzierung von lokalen bzw. regionalen Gebietskörperschaften. Formelbudgets schaffen die direktesten Anreize, steuern jedoch stets nur über einzelne (und somit selektive) Aspekte, weshalb sie durch weitere Managementinstrumente sinnvoll ergänzt werden müssen (z.B. Qualitätsmanagement), um andere relevante Performance-Dimensionen nicht aus den Augen zu verlieren (vgl. Smith 2007).

International weist der Trend der letzten Jahre deutlich von „presentational" zu verstärkt „performance-informed", nicht unbedingt jedoch zu einem breiten Einsatz von Formelbudgets.

Gesamthaft betrachtet fokussiert Performance Budgeting neben einer Stärkung von Transparenz und Verantwortlichkeit – dieser Aspekt ist für alle Spielarten wichtig – auf Performance-Zielsetzungen und damit die Messbarmachung von Resultaten. Es wird insbesondere der Budgetplanungsprozess insofern formalisiert, als dieser mit konkreten (Leistungs- und Wirkungs-)Informationen gestützt wird: da dies für die einzelnen Fachbereiche mittel- und langfristig die Planung der Leistungsprogramme und Projekte betrifft, spricht Reichard (2008, S. 395) von „strategischer Budgetierung". Im Folgenden sollen einige zentrale Fragen und Problembereiche näher ausgeleuchtet werden.

Eine Orientierung an Ergebnissen vermag Nachteile einer reinen Input-Steuerung zu beseitigen (zu den nachfolgenden Argumenten vgl. z.B. Kalatschan 2008), indem Anreize für ein effizientes Verwaltungshandeln gesetzt und zusätzliche Handlungsspielräume für das Verwaltungsmanagement geschaffen werden. Eine derartige Steuerungslogik ist jedoch auch an bestimmte Voraussetzungen geknüpft (z.B. intakter Rechtsstaat, entwickeltes internes Rechnungswesen, funktionsfähige KLR, entsprechende betriebswirtschaftliche Kenntnisse sowie Managementverständnis in den dezentralen Einheiten) und ist nicht für alle Fachbereiche gleichermaßen geeignet. Hier zeigt sich vor allem das Problem der Messbarkeit und Quantifizierung.

Oftmals stellt schon die kausale Verknüpfung in Form von Input-Output-Beziehungen eine große Herausforderung dar. Eine Orientierung an Wirkungen (Outcomes) geht hier noch einen Schritt weiter und verbindet das Verwaltungshandeln und dessen Ergebnisse stärker mit politischen und strategischen Zielsetzungen (Makromanagement, Wirkungsverantwortung, langfristiger Fokus). Wenig verwunderlich sieht sich eine Wirkungssteuerung mit nicht unerheblichen Hindernissen konfrontiert. Die Messproblematik ist verschärft, monokausale Wirkungsbeziehungen sind kaum identifizierbar, und Informationsbeschaffungskosten können mitunter erheblich sein (vgl. OECD 2005, S. 71). Neben dem hohen technischen und inhaltlichen Anspruchsniveau stellt die Outcome-Orientierung auch eine hohe „soziale" Herausforderung dar, da eine Vielzahl von Akteuren mit unterschiedlichen Interessen (interne wie externe Stakeholder) in Erstellung und Steuerung einbezogen werden soll.

Details des Budgetierungsprozesses sowie fragmentarische Ansätze der Berücksichtigung von Performance-Informationen haben in Verwaltungssystemen oftmals eine lange „lokale" Tradition. Implementierungsstrategien müssen auf diesen Praktiken vor Ort aufbauen und bezüglich Reforminhalt und -zielen auf die jeweilige „Startposition" einer Verwaltung abgestimmt werden. Je nach Entwicklungsstand und institutionellen

Rahmenbedingungen ist eine Implementierung von Performance Budgeting entweder *Top-down* oder *Bottom-up* erfolgversprechender (zur Frage nach den „Treibern" der Umsetzung sowie einer Diskussion von Vor- und Nachteilen siehe insbesondere OECD 2007).

Eine Top-down-Implementierung ist durch eine zentralistische Einbettung von Reformen geprägt: im Mittelpunkt der Entwicklung stehen mächtige Akteure (z.B. Finanzministerium), denen die Festsetzung allgemein gültiger Standards und Regeln obliegt und die den Implementierungsprozess überwachen. Im Falle einer Bottom-up-Strategie spielen die dezentralen Einheiten eine weitaus aktivere Rolle: Die Entwicklung von oder Teilnahme an Reformen erfolgt in der Regel freiwillig, und es können eigenständige Herangehensweisen und flexiblere Lösungsansätze entwickelt werden (vgl. dazu als Beispiel für diese Umsetzungsstrategie den Fall der Flexibilisierungsklausel in Österreich; siehe Kap. 5.3).

Eng damit verbunden ist die Frage nach dem Umfang: Während Top-down-Strategien in der Regel eine *umfassende Einführung* von Performance Budgeting in einer bestimmten Gebietskörperschaft vorsehen, erfolgen Bottom-up meist *partielle Initiativen.* Bei diesen Strategien geht es stets auch um den zeitlichen Rahmen, in welchem ein Performance Budgeting eingeführt werden soll: Eine *inkrementelle Implementierung* erfolgt Schritt für Schritt über einen längeren Zeitraum hinweg; bei *„Big Bang"-Strategien* werden Reformen schnell und vollständig innerhalb kurzer Zeit eingeführt. Der Vorteil liegt in der Möglichkeit, Widerstand gegen die Reform gar nicht erst aufkommen zu lassen und großen Druck für eine Umsetzung erzeugen zu können (vgl. OECD 2007 für eine ausführliche Diskussion dieser Fragen). Im deutschen Sprachraum existieren einzelne Insellösungen: Performance-Budgeting-Ansätze entstehen überwiegend Bottom-up und wachsen inkrementell. Um diese zu einem gesamthaften System zu integrieren, ist irgendwann eine konzertierte Top-down-Strategie (in bislang nicht inkludierten Einheiten wird diese wohl als „Big Bang" empfunden werden) notwendig. Auch der österreichischen Haushaltsrechtsreform[3] mit ihrer Top-down-Implementierungsstrategie ist eine

3 Die österreichische Haushaltsrechtsreform des Bundes strebt eine umfassende Reform an (vgl. dazu Steger 2007, 2008, 2010). Die notwendigen Verfassungsänderungen wurden 2007 parlamentarisch einstimmig beschlossen und werden in zwei Etappen implementiert. 2009 wurden ein Finanzrahmen (siehe Box 8) und ein flexibilisiertes Rücklagenregime eingeführt. Mit Anfang 2013 wird mit dem Voranschlags- und Rechnungssystem des Bundes ein *Accrual Budgeting* und *Accounting* auf IPSAS-Basis (vgl. Kapitel 2.3.), eine Umstellung auf Programm- und Globalbudgets (siehe Box 10) sowie die Einführung der wirkungsorientierten

Fülle an konzeptionell durchaus unterschiedlichen Performance-Steuerungsmodellen in verschiedenen Politikfeldern und Verwaltungseinheiten seit dem Ende der 1990er Jahre vorangegangen (z.B. Leistungskennzahlen in der Polizei, Leistungsvereinbarungen in der Finanzverwaltung oder KLR für die Zentralstellen der Bundesministerien).

Zum Abschluss wird anhand des Beispiels Australien der Konnex zu anderen Steuerungsinstrumenten sowie der Prozess der Erstellung von ergebnisorientierten Budgets illustriert.

*Box 13: Performance Budgeting in Australien**

Die Budgetreform in Australien geht auf eine unabhängige Evaluierung im Jahr 1996 zurück und wurde nach zahlreichen rechtlichen Änderungen 1999/2000 eingeführt. Zielsetzungen waren insbesondere die Steigerung der Effizienz und Effektivität sowie eine Stärkung der Verantwortlichkeiten. Verbunden war dies inhaltlich mit der Etablierung von Programmbudgets, der Einführung von „Accrual Budgeting and Accounting", einer Erhöhung der Flexibilität im Budgetvollzug und „Efficiency Dividends" (siehe Kap. 3.2). Ergebnisorientierte Budgets werden – vereinfachend dargestellt – in folgenden Schritten definiert:

- Die Regierung legt (über die Minister und mit Unterstützung der betroffenen Agenturen) Wirkungen/Outcomes fest, welche in den einzelnen Politikfeldern erreicht werden sollen.
- Das Parlament bestimmt die Ressourcen zur Erreichung dieser Outcomes, die in sogenannten „Items" (z.B. Transfers, Beihilfen, Personalausgaben) festgeschrieben werden.
- Die Agenturen legen Outputs fest, mit denen sie die Ziele bestmöglich erreichen, und verwalten die „Items" unter dem Gesichtspunkt optimaler Zielerreichung. Die Outcome Statements der Agenturen werden durch den zuständigen Fachminister und den Minister für Finanzen genehmigt.

Dieser gesetzlich vorgesehene (Ideal-)Prozess wird jedoch in der Praxis durch eine andere Logik mitunter konterkariert: Performance Budgeting

---

Verwaltung vorgenommen. Letztere ist ein breit angelegtes Konzept, das seinen Ausgangspunkt in einem *Performance Budgeting* nimmt, *Gender Budgeting* in den Ansatz integriert, für die Steuerung der Dienststellen Kontrakte (sogenannte Ressourcen-, Ziel- und Leistungspläne) sowie ein Wirkungscontrolling (Qualitätssicherung der wirkungsorientierten Angaben für Parlament und Öffentlichkeit sowie regelmäßige Berichterstattung an das Parlament) vorsieht.

wird eher als Tool zur Absicherung von bestehenden Organisationsbudgets als zur strategischen Verschiebung von Ressourcen zwischen Ressorts betrachtet (vgl. Hawke/Wanna 2010, S. 74).

Ausgangspunkt der Planung sind Outcomes. Im australischen Gesundheitsministerium etwa wurden Outcomes zu Bereichen wie Gesundheit der Bevölkerung, Zugang zu medizinischen Leistungen, Zugang zu pharmazeutischen Leistungen, psychische Gesundheit oder Gesundheit der indigenen Bevölkerung festgelegt. Die hier gewählten Schwerpunkte machen deutlich, dass Outcome-Bereiche und -Ziele die Problemlagen im jeweiligen Staat widerspiegeln und daher nur bedingt von anderen Staaten übernommen werden können. Die Verknüpfung mit dem Haushalt erfolgt, indem den Outcomes konkrete Budgets, Programme, Indikatoren (Key Performance Indicators) sowie Verantwortlichkeiten zugeordnet werden.

* Vgl. Hawke 2007; Hawke/Wanna 2010; detaillierte praktische Informationen finden sich unter: http://www.finance.gov.au/financial-framework/financial-management-policy-guidance/outcomes-arrangements.html (zuletzt aufgesucht am 30.09.2012); für ein Beispiel aus dem Gesundheitsbereich siehe http://www.health.gov.au/internet/budget/publishing.nsf/content/2011-2012_health_pbs (zuletzt aufgesucht am 30.09.2012) – Details zu den Outcomes des Department of Health and Ageing, Portfolio Overview, http://www. health.gov.au/internet/budget/publish ing.nsf/content/673376782D27CBEACA257881000680FD/$File/2011-12_Health_ PBS_03_PortfolioOver view.pdf, S. 6 (zuletzt aufgesucht am 30.09.2012).

4.3 Instrumentarium und Wirkungsweise von Performance Management

Während Performance Budgeting auf den Budgetierungsprozess fokussiert, bezieht sich Performance Management auf den Einsatz eines betriebswirtschaftlichen Instrumentariums zur leistungs- und wirkungsorientierten Steuerung der Verwaltung (vgl. Reichard 2002; Proeller/Siegel 2009). In diesem Zusammenhang soll auch erwähnt werden, dass oftmals zwischen Performance Management und Performance Measurement unterschieden wird (so auch in diesem Band; siehe Abb. 8), wobei letzteres die systematische Messung von Leistung sowie eine entsprechende Datengenerierung umfasst (vgl. Bouckaert/Halligan 2008). In der internationalen Fachliteratur liegt eine Fülle von Beiträgen über Modelle des Performance Management, seine Instrumente, Wirkungen und Grenzen vor (z.B. Poister/Streib 1999; Bouckaert/Halligan 2008; Walker et al. 2010; van

Dooren et al. 2010). Darüber wird im Folgenden ein kurzer Überblick gegeben.

Allgemein gesprochen beinhaltet ein umfassendes Performance Management folgende Punkte (vgl. OECD 1995; Pollitt 2001; Proeller/Siegel 2009):

- die Festlegung bestimmter Ziele für Wirkungen und Leistungen;
- die Übertragung der für die Erreichung dieser Performance-Ziele notwendigen (Management-)Autonomie an die verantwortlichen Entscheidungsträger, sowie ein gewisses Maß an „Accountability for Results";
- die Messung und Transparentmachung der tatsächlichen Performance vor dem Hintergrund der Zielsetzungen;
- die Steuerung und Optimierung von spezifischen Kriterien (wie Qualität, Effizienz, Wirksamkeit);
- das Einfließen der derart gewonnenen Daten in zukünftige Entscheidungen (Budget, Programmspezifikation, Anreizsysteme); sowie schließlich
- eine externe und/oder öffentliche Evaluierung, deren Ergebnisse ebenfalls in die Entscheidungsprozesse einfließen können.

Ein so umfassendes Modell findet sich aber in der Praxis nur sehr selten (am ehesten wiederum in den angelsächsischen und skandinavischen Staaten).

Nach dem Ausmaß, in welchem ein Performance-Management-System Steuerungsrelevanz entfaltet, unterscheiden Bouckaert und Halligan (2008; vgl. auch Proeller/Siegel 2009; Nullmeier 2011) drei Typen:

(1) *„Performance Administration":* Darunter versteht man vereinzelte ad-hoc-Ansätze, wobei das Sammeln von Informationen und Daten im Vordergrund steht, ohne dass diese systematisch/steuerungsrelevant aufbereitet oder zu einem integrierten Steuerungssystem entwickelt werden.

(2) *„Management of Performances":* Das Konzept des Performance Management ist in der Regel nur auf einzelne Sektoren beschränkt. Folglich sind die Daten stark differenziert und mitunter zu spezifisch und funktional, um einer ganzheitlichen Steuerung zu dienen.

(3) *„Performance Management"* im engeren Sinne: Es handelt sich um ein kohärentes und umfassendes System der Leistungsmessung und -steuerung, das verschiedene fachliche Bereiche integriert und so eine Steuerung durch die Verwaltungsspitze ermöglicht.

Während der dritte Typ beispielsweise in Kanada oder Australien bereits umgesetzt ist, halten Staaten wie Deutschland (insbesondere auch die Länderebene) oder Österreich weitgehend bei „Performance Administration" und sporadischen Ansätzen von „Management of Performances" (vgl. Bogumil et al. 2007; Proeller/Siegel 2009; Nullmeier 2011; vgl. dazu Kap. 6.1.4 und 6.2).

Einem modernen Performance Management steht ein breites Spektrum an Instrumenten zur Verfügung. Es soll nachfolgend auf die wichtigsten kurz eingegangen werden.

(a) Leistungsorientiertes Kontraktmanagement

Im *leistungsorientierten Kontraktmanagement*[4] wird die – zumeist globalbudgetierte – Zuweisung von Ressourcen mit konkreten Performance-Vorgaben verbunden. Solche Ziel- und Leistungsvereinbarungen finden sich verstärkt zwischen Organisationseinheiten, aber auch zunehmend gegenüber Organisationsmitgliedern. Das Instrument ist mittlerweile sehr weit verbreitet und findet sich sowohl haushaltsrechtlich verbindlich (z.B. bei Produkthaushalten oder im FLAG) als auch unverbindlich (bei Dienststellen oder Abteilungen, denen formal kein Budget zugewiesen ist).

Der Vorteil liegt in der systematischen und relativ verständlichen Verknüpfung der Steuerungsdimensionen Input, Output und Outcome – und somit in einer integrierten Steuerung. Die Planung im Budgetierungsprozess kann Bottom-up oder Top-down erfolgen. Außerdem kann der formale Budgetprozess durch „informelle" Kontrakte für weitere Organisationseinheiten oder auch einzelne Organisationsmitglieder fortgesetzt werden. Die Anwendung dieses Instruments ist jedoch noch keineswegs ein Garant für den praktischen Steuerungserfolg: dazu müssen insbesondere Entscheidungsstrukturen und Prozesse neu gestaltet werden. In der Praxis erweist sich die „Qualität" der Kontrakte (und somit ihre Steuerungsrelevanz) als sehr unterschiedlich, wie auch internationale Erfahrungen zeigen (vgl. Pollitt 2005 oder Verhoest et al. 2011b für „agencies", sowie genereller van Dooren et al. 2010). Genannt werden in diesem Zusammenhang insbesondere:

- grundsätzliche Schwierigkeiten der Leistungsmessung im öffentlichen Sektor und somit zu allgemein gehaltene Ziele;
- Nichtberücksichtigung wichtiger Aktivitäten in den Zielvereinbarungen;

---

4 Nähere Ausführungen und Evaluierungsergebnisse finden sich (zum FLAG sowie zur Flexibilisierungsklausel) in Kapitel 5.

- zu wenig anspruchsvolle und damit zu leicht erreichbare Ziele;
- zu vage formulierte Ziele, sodass die Zielerfüllung kaum überprüft werden kann;
- eine rudimentäre und nicht immer nachvollziehbare Verknüpfung der Ziele mit der Ressourcenallokation und somit begrenzte Anreizwirkungen;
- fehlende Sanktionen für nicht erfolgte Zielerreichung;
- unterentwickeltes oder ausuferndes Berichtswesen;
- fehlendes Interesse der steuernden bzw. politischen Ebene an den Berichtsdaten;
- zu starke Bestimmung der Kontrakte durch die zu steuernde Behörde oder das steuernde Ministerium ohne Dialog, sodass Lernpotentiale ungenützt bleiben.

Nur selten werden auch die „Auftraggeber" im Kontrakt in die Pflicht genommen. In einem österreichischen Fall wurde unlängst Neuland betreten, als einer Universität von einer Schiedskommission im Rahmen einer Klage eine Zusatzfinanzierung durch das Wissenschaftsministerium zugesprochen wurde, nachdem die der Leistungsvereinbarung zugrunde gelegten Studierendenzahlen aufgrund rechtlicher Rahmenbedingungen und ohne (zugesagte) Eingriffsmöglichkeiten seitens der Universität deutlich überschritten wurden.

(b) Controlling-Instrumente

Im Rahmen des Performance Management kommt eine Reihe an *Controlling-Instrumenten* zum Einsatz. Sie sollen sicherstellen, dass die im Budgetprozess festgelegten Performance-, aber auch Input-Ziele einerseits transparent beobachtet werden können und somit eher eingehalten werden und andererseits gegebenenfalls entsprechende Steuerungsmaßnahmen eingeleitet werden können. Im öffentlichen Sektor sind Controlling-Instrumente im Rahmen von Leistungsvergleichen (siehe Punkt d), zur Unterstützung des Kostenmanagements (siehe Punkt c) und Berichtswesens (siehe Punkt e), aber auch im strategischen Bereich (in Form von Planungs- und Steuerungstools wie etwa Umfeld- und Unternehmensanalysen, SWOT-Analysen bis zu Cockpitsystemen wie etwa der Balanced Scorecard) in weiten Bereichen schon eingeführt.

Als Kernelement vieler dieser Instrumente fungieren Kennzahlensysteme, deren Konzeption und Definition die zentrale Herausforderung darstellt. Eine einfache/direkte Übertragung von in der Privatwirtschaft bewährten Indikatoren ist meist nicht möglich, vielmehr müssen die Indikatoren für den öffentlichen Sektor politikfeldbezogen definiert werden. Aktivitäten der Verwaltung und deren Erfolg sollen auf diese Weise messbar gemacht und damit eine Steuerbarkeit über Controllinginstrumente erst ermöglicht werden. Den entsprechenden Entscheidungsträgern werden dabei relevante Steuerungsparameter von einem umfassenden Controllingsystem zur Verfügung gestellt. Auch wenn sich umfassende Controllingsysteme einer Vielzahl von Kennzahlen bedienen müssen, um eine ausbalancierte Darstellung zu gewährleisten, gilt für die Haushaltsplanung, dass lediglich eine begrenzte Anzahl an Kennzahlen für die Zielformulierung fixiert werden soll, um den Planungsprozess möglichst überschaubar zu halten. Weitere Kennzahlen können dann im Controllingsystem ergänzt werden.

An dieser Stelle wird nun die Problematik fehlender Zielvorgaben durch die Politik offensichtlich, die durch die Vielfalt unterschiedlicher Adressaten und möglicher Funktionen der Leistungsmessung[5] (vgl. Behn 2003) noch verstärkt wird. Resultat ist vielfach, dass die Performance-Informationen im Rahmen strategisch relevanter Entscheidungsprozesse nur periphere Berücksichtigung finden. Als „Dysfunktionalitäten" der Leistungsmessung werden Gefahren diskutiert, die mit einem nicht adäquaten Einsatz von Leistungsindikatoren verbunden sind (vgl. van Dooren et al. 2010, 158ff.). Unter „Zielverschiebung" wird beispielsweise das Phänomen verstanden, dass die Erfüllung der Leistungsindikatoren wichtiger wird als die Erreichung der Ziele, die diese eigentlich messen sollen. Weitere Gefahren reichen von der Vernachlässigung von Qualität zugunsten leichter messbarer Quantitäten, der Optimierung von Subeinheiten auf Kosten der Gesamtorganisation oder der Demotivation der Mitarbeiter bis hin zur Bürokratisierung und zu zusätzlichem Verwaltungsaufwand ohne erkennbaren Zusatznutzen. Weit verbreitet sind auch Erfahrungen, dass die Leistungsmessung durch geschickten Umgang mit Leistungsindikatoren manipuliert wird (vgl. Smith 1995).

Dennoch leisten Performance-Indikatoren einen wesentlichen Beitrag zur Versachlichung und Transparenz des Verwaltungshandelns – insbesondere wenn sie von einem Prozess der kontinuierlichen Instrumentenverbesserung begleitet werden und somit den Weg zu verbesserten Governance-Strukturen ebnen („der Weg ist hier auch Teil des Ziels").

---

5 Bereits Peter Drucker, der eigentlich für seine Ausführungen zum privatwirtschaftlichen Management bekannt wurde, hielt 1978 (S. 427) fest, dass „public service institutions always have multiple objectives and often conflicting, if not incompatible, objectives".

(c) Kosten- und Leistungsrechnung

Insbesondere die *KLR* hat sich zu einem etablierten Instrument der Informationsbereitstellung für performance-orientierte Managementsysteme entwickelt: Als zentrales internes Steuerungsinstrument bietet sie im Rahmen der Haushaltsplanung die Grundlage für die Berechnung von Budgetwerten, in der Verwaltungssteuerung dient sie der Entscheidungsunterstützung und liefert Informationen zur Festlegung von Gebühren und Beiträgen, für die interne Leistungsverrechnung sowie Benchmarking-Aktivitäten, die auch in die Haushaltsplanung zumeist indirekt einfließen. Daten aus der KLR können so die Grundlage für eine ergebnisorientierte und realistische Budgetierung liefern und damit eine adäquate strategische Steuerung über die Ressourcenallokation ermöglichen (vgl. Kim et al. 2007; Hilgers 2011). Bei der Anwendung von Formelbudgets sind diese Daten jedenfalls notwendiges Requisit, da hier die Budgets aus Daten der KLR gespeist werden.

Über die KLR kann auch ein Link zu den konkreten Leistungen oder Aktivitäten auf der Ebene der einzelnen Kostenstelle hergestellt werden. In der reinen Programmbudgetstruktur ist diese Verknüpfung aufgrund der höheren Aggregierung nicht möglich, da sich Programme im Regelfall aus einer Vielzahl von teils recht unterschiedlichen Produkten zusammensetzen. In der praktischen Anwendung wurde die KLR in der Vergangenheit oftmals auf eine bloße ex post Kostenbetrachtung und auf ein Instrument zur Realisierung von Einsparungen reduziert. Dies hat ihr erhebliche Widerstände und geringe Akzeptanz unter den Mitarbeitern eingebracht (vgl. Hilgers 2011) und auch die Nutzung im Rahmen der Haushaltsplanung eingeschränkt.

Darüber hinaus wurden häufig lediglich die aufwändige Definition von Produkten/Kostenträgern und die Erstellung von Produktkatalogen wahrgenommen. Der konkrete Nutzen für den Arbeitsalltag blieb hingegen aus, zumal diese Produktkataloge nicht mit den Haushaltsstrukturen kompatibel waren. Weitere Problemfelder ergeben sich durch die Tendenz zur Entkopplung (vor allem aufgrund der Legitimierungsfunktion der KLR, indem diese bloß eine grundsätzliche Reformbereitschaft nach außen dokumentiert) wie auch durch die Vernachlässigung von Kontextspezifika: in politikvorbereitenden und steuernden Bereichen (Zentralstellen, Legistik, oberste Staatsorgane) fehlt es beispielsweise häufig an konkreten Produkten, somit lassen sich auch die Haushalte nicht über Kostenrechnungsinformationen planen.

In der Konsequenz zeigt sich eine oft rein formale Definition von Produkten ohne Steuerungsgehalt (z.B. Beratungseinheiten). In produktbezogenen Verwaltungsfeldern, in denen Gebühren verlangt werden, ist die volle (externe) Kostentransparenz mitunter politisch nicht opportun, was ebenfalls zu einem zurückhaltenden Einsatz des Instruments führt. Nichtsdestotrotz bewirkt die KLR insbesondere in Kombination mit interner Kostenverrechnung zumindest innerhalb der jeweiligen Organisation einen Steuerungseffekt über die Schaffung erhöhter Transparenz und Sensibilisierung für mehr Kostenbewusstsein. Für den erfolgreichen Einsatz gilt besonders die konzeptionelle Verknüpfung mit anderen Instrumenten als kritisch. Dies betrifft insbesondere die Bereitstellung von Kostendaten für die anderen hier angeführten Teilbereiche des Performance-Management-Systems. Sinnvollerweise sind auch Budget- und Rechnungswesendaten – wie dies die integrierte Verbundrechnung vorschlägt – mit den Informationen aus der KLR kompatibel, damit die Kostenrechnungsdaten für eine Haushaltsplanung ohne komplexe Überleitungen verwendbar sind.

(d) Leistungsvergleiche

Verwaltungsinterne und -übergreifende Leistungsvergleiche (Benchmarking) dienen der Simulation von Wettbewerbssituationen, decken Optimierungspotentiale auf, fördern den behördenweiten Erfahrungsaustausch (d.h. minimieren Lern- und Entwicklungskosten) und ermöglichen Problemlösungen anhand von Best-Practice-Beispielen (vgl. Hilgers 2009). In Deutschland wurde im Art. 91 d des Grundgesetzes die Möglichkeit von Leistungsvergleichen zwischen Bund und Ländern verfassungsmäßig verankert. Diese gesetzliche Maßnahme zeigt auch den ursprünglich starken Widerstand der Verwaltung gegen das Instrument auf. Die Studie von Adamaschek et al. (2011, S. 2) bestätigt in einer Befragung von Stakeholdern, dass „politische Leitentscheidungen (‚von oben') [notwendig sind], um Leistungsvergleiche auf breiter Front in Gang zu bringen und dauerhaft zu etablieren".

Obwohl mittels Benchmarking wertvolle Erkenntnisse für die (strategische) Verwaltungssteuerung erzielt werden können, offenbaren sich auch methodische Schwierigkeiten: verfügbare Datengrundlage, einheitliche Erhebungsstandards, oder die Berücksichtigung von Kontextspezifika. Benchmarking-Informationen fließen in die Budgetplanung häufig indirekt ein, im politischen bzw. Verwaltungsverhandlungsprozess bilden sie ein ergänzendes Element. Eine systematische direkte Verknüpfung mit dem Haushalt im Sinne einer benchmarking-basierten Budgetierung erfolgt im Modell der „Berliner Budgetierung" (vgl. Box 15).

(e) Berichtswesen

Ein entsprechendes *internes* und *externes Berichtswesen* (siehe auch Kap. 4.4) stellt sowohl die Rückkopplung an die Verwaltungsspitze und die politischen Entscheidungsträger als auch die notwendige Transparenz gegenüber den Bürgern sicher. Daneben dient es aber vor allem der verwaltungsinternen Steuerung von dezentralen Organisationseinheiten sowie zwischen Ministerien (und Gebietskörperschaften) zur Sicherstellung von übergeordneten Zielen. Controllingberichte wurden mitunter fast inflationär implementiert, was den ursprünglichen Steuerungszweck weitgehend konterkarierte. Eine zielgruppenspezifische (d.h. auch politiktaugliche) Aufbereitung sowie die Abstimmung der einzelnen fragmentarischen Berichte (einschließlich notwendiger Bereinigungen von überbordenden Berichtspflichten) gelten daher als die zentralen Herausforderungen der Zukunft. Moderne Haushaltssysteme sehen integrierte Berichte aus Haushalts- und Performance-Daten vor und folgen der im Haushalt gewählten Struktur.

(f) Purchaser-Provider-Systeme

Diese ergänzen das Steuerungsinstrumentarium des Performance Managements insofern, als für bestimmte Leistungsbereiche über die Definition von konkreten Produkten und Verrechnungspreisen im Sinne eines Auftraggeber-Auftragnehmer-Verhältnisses gesteuert wird. Dabei definiert der Auftraggeber konkrete Produkte, die der Auftragnehmer erbringen muss und welche über konkrete Verrechnungspreise budgetär geplant und abgerechnet werden. Die Haushaltsplanung als auch die Leistungsabgeltung erfolgt in der Regel nach der Leistungserbringung. Anknüpfungspunkt für die Bemessung der Abgeltung ist meist der Output. Konkrete Leistungsstandards, Qualitätskontrollen und Messsysteme sind für Purchaser-Provider-Systeme notwendige Voraussetzungen.

Das Instrument bietet sich für klassische interne Dienstleistungen in Shared Services (z.B. im IT-Bereich, Facility Management oder Beschaffungswesen) an; als Budgetsystem für die Gesamtverwaltung ist es jedoch nicht geeignet. Wenngleich Anspruch und Verwaltungsaufwand als hoch einzustufen sind, so kann bei idealer Ausgestaltung des Instruments, das auch mit der Globalbudgetsteuerung sämtlicher Ressourcenverbräuche vereinbar ist, eine verbesserte Leistungsbereitstellung/-erbringung erzielt werden (vgl. Robinson 2007c).

Die Gefahr negativer Steuerungseffekte besteht jedoch bei nicht adäquater Spezifizierung der Leistungs- und Qualitätsstandards bzw. wenn Auftraggeber- und Auftragnehmerrollen nicht klar festgelegt sind (und damit im schlimmsten Fall die Definitionsmacht für Aufträge dem Auftragnehmer zufällt). Auch die Festlegung von Verrechnungspreisen ist transaktionskostenintensiv bzw. mehrdimensional und kann zu unerwünschten Lenkungseffekten führen, da die Leistungsempfänger die Kosten nicht direkt beeinflussen können, was mitunter demotivierend wirkt (vgl. Bals 2011, S. 406).

(g) Leistungsabhängige Gehalts- und Entlohnungsbestandteile

Über mitarbeiterbezogene Ziel- und Leistungsvereinbarungen – und damit verbunden *leistungsabhängige Gehalts- und Entlohnungsbestandteile (Performance Related Pay)* – hält eine neue Kultur in der öffentlichen Verwaltung Einzug, welche neue Möglichkeiten eröffnet, zugleich aber auch Herausforderungen an Anreiz- und Motivationssysteme sowie das Personalmanagement im Gesamten stellt. Eine konzeptionelle und praktische Verknüpfung individueller Performance-Ziele mit dem Performance-Management-System auf Organisationsebene ist notwendig, um eine Refokussierung der Mitarbeiter im Rahmen der Aufgabenerfüllung zu erreichen (vgl. Czepiel 2009, S. 71). Ein vollständiges Herunterbrechen bzw. eine vollkommene Kaskadierung ist jedoch unrealistisch und wohl auch überschießend, zumal Personalführung auch eine Reihe anderer Faktoren und Steuerungsebenen zu berücksichtigen hat.

Instrumente, wie Mitarbeitergespräche und Leistungsbeurteilungen, die bereits Einzug in das Personalwesen des öffentlichen Sektors gehalten haben, können für die ergebnisorientierte Steuerung eingesetzt werden. Unumstritten und unproblematisch ist der Einsatz leistungsabhängiger Gehaltsbestandteile jedoch keinesfalls: Bei der Konzeption eines solchen Systems ist jedenfalls auf eine eindeutige (und möglichst einvernehmliche) Definition realistischer (d.h. erreichbarer) Ziele zu achten (vgl. Kurella 2009). Ein solcher Prozess ist zudem kommunikativ zu betreuen. So müssen einerseits organisationsbezogene (Leistungs-)Ziele, Leitbilder und Strategien den Mitarbeitern bekannt sein, andererseits müssen die individuellen Performance-Ziele in einem kommunikativen Prozess vereinbart und evaluiert werden. Besonders anspruchsvoll ist schließlich die Verknüpfung mit einem Gehaltssystem.

(h) Anreiz- und Sanktionsinstrumente

Anreiz- und Sanktionsinstrumente können grundsätzlich finanzieller oder nicht-finanzieller, formeller oder informeller Art sein (vgl. OECD 2007) und sich auf Programme, Organisationseinheiten oder auf einzelne Mitarbeiter beziehen (vgl. Robinson 2007b). *Finanzielle Belohnungen* oder *Be-*

strafungen können unerwünschte Nebenwirkungen wie Missbrauch oder „geschönte" Darstellung von Daten haben. Mangelnde Alternativen der Leistungserbringung oder fehlende politische Unterstützung erschweren es häufig, Budgets zu kürzen oder Organisationen aufzulösen. Hintergrund und Ursache bleiben vielfach ausgeblendet, was Lerneffekte verhindert.

Vielversprechender sind Anreizmodelle, die auf einer *Vergrößerung oder Minderung der Managementautonomie* basieren: Die Bandbreite ist groß und variiert in ihrer konkreten Zusammensetzung in den jeweiligen Staaten. Anreize sind

- die Mitnahme von unverbrauchten Budgetmitteln oder eines Saldenüberschusses in die nächste Budgetperiode,
- die Erhöhung der Flexibilität durch Globalbudgetierung,
- die Reduktion der Berichtspflichten (bei positiver Performance).

Als Sanktion kommen

- die Rückkehr zur strikten Jährlichkeit,
- die Rücküberweisung nicht benötigter Mittel,
- die Untersagung von Transfers sowie
- die Erhöhung der Berichtspflichten (bei „Minder"-Performance) in Frage.

Schließlich wird als weiterer Mechanismus auch das sogenannte *„Naming and Shaming"* praktiziert: „High Performer" werden öffentlich gewürdigt, Minderperformer durch öffentliche Kritik „bloßgestellt". Der dadurch erzeugte Druck soll einer Leistungs- und Ergebnisverbesserung dienen. Hier finden auch komparative Instrumente wie Benchmarking oder multidimensionale Scorecards Anwendung.

Rechtliche Sanktionen hingegen sind bei Verfehlung von Performance-Zielen dann als kritisch zu sehen, wenn ein Kausalzusammenhang zwischen dem (Führungs-)Verhalten und der Zielabweichung nicht eindeutig feststellbar ist. Rechtliche Sanktionen sind nur im Zusammenhang mit Dienstverletzungen eine Option.

Das hier skizzierte Instrumentarium hat sich international weitgehend etabliert. Die zentrale Herausforderung liegt zukünftig vor allem in der Nutzung von Performance-Informationen durch die am Steuerungsprozess Beteiligten (Politik, Verwaltungsführung, Mitarbeiter). Vor diesem Hintergrund scheint insbesondere eine noch stärker zielgruppenorientierte Gestaltung der Instrumente notwendig.

■ 4.4 Performance Reporting, Performance Auditing und Evaluierung

Der in Abbildung 8 dargestellte Steuerungskreislauf wird durch Rechenschaftslegung geschlossen. Dies dient einerseits dazu, um – der Forderung nach Transparenz und Accountability folgend – die effiziente und effektive Verwendung öffentlicher Mittel unter Beweis zu stellen. In der Regel erfolgt ein solcher Ausweis gegenüber der Politik, legitimierten Prüforganen (Parlament, Rechnungshof) sowie der interessierten Öffentlichkeit in Form von Performance-Indikatoren, Value-for-Money-Darstellungen, Informationen über Umsetzung, Wirkung und Zielerreichung öffentlicher Aufgaben, angereichert um Qualitätsanalysen und allgemeine Tätigkeitsberichte. Andererseits stellt Performance Reporting ein zentrales Controlling-Element im administrativen Steuerungsprozess dar, welches mit weiteren ex post-Beurteilungen (Performance Auditing, Evaluierungen mit strategischer Ausrichtung) kombiniert wird.

Folgende positive Effekte werden mit Performance Reporting verbunden (vgl. van Dooren et al. 2010, S. 109f.):

- verbesserte politisch-strategische Zielsetzung und -formulierung durch systematische Verknüpfung der Ergebnisdarstellung mit der Planung von Programmen und Formalisierung des Budgetierungsprozesses;
- Identifikation von Fehlfunktionen innerhalb von Programmen und somit gesteigerte Qualität von Managemententscheidungen;
- Überwachung und (parlamentarische) Kontrolle der Leistungserbringung im Rahmen der demokratischen Institutionen;
- objektive Information und erhöhte Transparenz für die interessierte Öffentlichkeit, aber auch supranationale Organisationen (z.B. OECD, IWF).

Trotz der positiven Erwartungen resultiert die Vielzahl an Berichten, die derzeit schon verfasst werden, in der Praxis oftmals eher in schwer verständlichen „Zahlenfriedhöfen“ denn in erhöhter Transparenz. Diese Berichte verursachen somit zwar einen hohen Aufwand in der Erstellung, sind aber nicht aufeinander abgestimmt, teilweise redundant und verhindern derart eine Versachlichung. Idealtypisch sollte Performance Reporting (im Sinne einer integrierten Rechenschaftsberichterstattung) – ausgehend von Performance Budgeting – durch Abstimmung mit anderen Berichten auf einer gemeinsamen Datenbasis erstellt werden. Eine Berichterstattung muss außerdem „customized“ erfolgen, also auf die Bedürfnisse der jeweiligen Nutzergruppe (Politik, Kontrollorgane, Öffentlichkeit, Verwaltungsführung in den jeweiligen Politikfeldern) zugeschnitten sein.

Während Performance Reporting für eine Feinjustierung gerade auf der Managementebene geeignet erscheint, bedarf es für die Evaluierung politischer Strategien und Policies zusätzlich einer Makroperspektive sowie sinnvollerweise einer unabhängigen Evaluierungsinstanz (Wissenschafts- und Forschungsinstitutionen, Rechnungshöfe). Ein solches Performance Auditing ist auch organisationsintern im Sinne einer Überprüfung des Erreichten wertvoll; im Idealfall fließen solche Einschätzungen wieder direkt in die Strategieprozesse ein. Damit hat sich aber auch das Aufgabengebiet von Prüfungsinstitutionen über traditionelle Prüfungen hinaus erweitert: Evaluierung von Effizienz und Effektivität von Programmen, Vergleich mit Best Practices, Vorschläge für Organisations- bzw. Politikfeldreformen (basierend auf den Prüfungsergebnissen) sowie in begrenztem Ausmaß Consultingagenden bilden zunehmend das Aufgabenportfolio (vgl. dazu Meyer/Leixnering 2011).

4.5 Performance-Orientierung im Spannungsfeld von hohen Ambitionen und komplexen Gelingensfaktoren

Mit einer verstärkt integrierten Performance-Orientierung (vom Budgeting bis zur Evaluierung) werden, wie in diesem Kapitel ausgeführt, sehr ambitionierte Zielsetzungen verbunden. Dennoch ist trotz ausgefeilter Konzepte vielfach nicht gesichert, dass die angestrebten Effekte in der Umsetzungspraxis tatsächlich erzielt werden können bzw. sich als nachhaltig erweisen. Hatte Lüder 2001 insbesondere für den deutschen Sprachraum noch konstatiert, dass sich die Verwaltung hinsichtlich der Entwicklung von Leistungs- und Performance-Indikatoren sowie deren Messung rund um die Jahrtausendwende in einem „Experimentierstadium" befand, so kann festgestellt werden, dass sich dieses Instrumentarium zehn Jahre später im deutschsprachigen Verwaltungskontext mehr oder weniger etabliert hat (vgl. dazu auch Kap. 6.1.1).

Die Erarbeitung von Wirkungs- und Leistungskennzahlen für interne, managementbezogene und externe, rechenschaftsbezogene Zwecke wurde begonnen: Verwaltung und Politik befinden sich bei der Entwicklung von Leistungs- und Wirkungsindikatoren mittlerweile in einer Phase der Professionalisierung (freilich mit ausreichendem Verbesserungs- und Optimierungspotential) bzw. in einer flächendeckenden Ausweitung des Instruments. Weiterhin „experimentell" ist die Verwendung im politisch-administrativen Steuerungsgefüge sowie im Performance Budgeting (und damit im Bereich der praktischen Verknüpfung mit anderen Managementsystemen).

Als kritisch werden vor allem Kosten-Nutzen-Überlegungen gesehen (vgl. Robinson 2007d). Auch das in der Auswahl von Performance-Informationen bzw. Leistungsindikatoren inhärente hohe Maß an Ambiguität und Subjektivität, die vielfach ungenügende Qualität solcher Leistungsindikatoren sowie grundlegende psychologische, kulturelle und institutionelle Barrieren einer Leistungsmessung im öffentlichen Sektor stellen nach wie vor eine große (auch konzeptionelle) Herausforderung bei der Implementierung dar (vgl. Behn 2003; Moynihan 2008; Kroll/Küchler-Stahn 2009; van Dooren et al. 2011).

Praktisch liegt das Hauptaugenmerk derzeit vor allem auf den zahlreichen Initiativen einer Integration von einzelnen Elementen im Sinne einer performance-orientierten Steuerung; man versucht hier auf die vorliegenden Erfahrungen sowie auf existierende Instrumente und Prozesse aufzubauen und die Schaffung von Parallelsystemen zu vermeiden. Eine erfolgreiche Implementierung von umfassenden Performance-Systemen basiert auf und profitiert maßgeblich von bereits existierenden Reformelementen, deren umfassender Nutzen erst durch eine praktische Verknüpfung mit Entscheidungs- und Steuerungsprozessen (insbesondere Budget- und Ressourcenzuteilungen, Führung von Dienststellen und Mitarbeitern) sichtbar wird. Voraussetzung für die Entwicklung eines funktionierenden leistungs- und wirkungsorientierten Budgetsystems, das sowohl Politik als auch Verwaltung integriert, ist die Anbindung an den Strategieformulierungs- und -steuerungsprozess (vgl. Küchler-Stahn/Siegel, 2010) sowie eine systematische Evaluation und Weiterentwicklung bestehender Ansätze und Systeme.

Gerade die internationalen Erfahrungen lassen erkennen, dass es nicht um eine Ablöse der traditionell inputorientierten Steuerung durch eine output- oder wirkungsorientierte Steuerung (vgl. dazu Tab. 2) geht, sondern um eine bestmögliche Integration dieser unterschiedlichen Steuerungsperspektiven im Zusammenspiel von politischer und administrativer Rationalität. Jede dieser Perspektiven hat unterschiedliche Stärken und Schwächen, die vor allem auch vom konkreten Fachbereich und Verwaltungskontext abhängig sind und keine allgemein gültigen besten Lösungen erwarten lassen.

Gerade in Hinblick auf den deutschen Reformkontext könnte eine stärkere Wirkungsorientierung helfen, die vorhandenen Schwächen bestehender Modernisierungskonzepte (sehr kleinteilige Produktdefinitionen und aufwendig gestaltete Systeme, die zu einer neuen Form der Bürokratie führen) auszugleichen und durch eine stärkere Relevanz für die Politik die entstandene Reformmüdigkeit zu überwinden (vgl. Bühler 2002). Wirkungen sind die letztendlich für die Gesellschaftspolitik entscheidenden Größen und eine Wirkungsorientierung bietet die Möglichkeit, den Fokus von kleinteiligen Produktdefinitionen und Kennzahlen hin zu grundlegenderen politisch-strategischen Prioritäten und Zielen zu lenken und damit auch einen stärkeren Pragmatismus der Modernisierungsbestrebungen zu fördern. Die parlamentarische Budgetkompetenz wird in der Outcome-Steuerung nicht mehr auf die reine Mittelbewilligung beschränkt, sondern wird untrennbar mit den zu verfolgenden Wirkungen und Zielen verknüpft (vgl. Bergmoser 2011).

Tab. 2: Stärken und Schwächen unterschiedlicher Arten der Steuerung

	Stärken	Nachteile	Geeigneter Kontext
Input-Steuerung	Kurzfristig ausgerichtet Einfach und ohne großen Aufwand umsetzbar Stärkt Regelkonformität	Keine Berücksichtigung der Effizienz Starrheit Kaum Managementautonomie	Geringes Vertrauen und unbeständige Kompetenz
Output-Steuerung	Kurzfristig ausgerichtet Begünstigt Effizienz Begünstigt die Kontrolle von Budgetbereichen Ergebnisorientierung Steuerung recht gut möglich, da Einflussmöglichkeiten auf Outputs groß ist	Messprobleme, jedoch geringer als bei der Outcome-Steuerung Kann zu Verzerrungen in der Leistungserbringung führen (vor allem Quantität auf Kosten der Qualität) Informationsüberlastung Entscheidungen über Umschichtungen von Ressourcen werden nicht unterstützt	Hohes Vertrauen Fest etablierte Verantwortlichkeitsstrukturen Hohe Professionalität
Outcome-Steuerung	Langfristig und strategisch ausgerichtet Unterstützt Politikentwicklung und Koordination	Messprobleme Verantwortlichkeitsprobleme Steuerung aufgrund externer Einflussfaktoren nur bedingt möglich Administrative Kosten Informationsüberlastung	Wie oben Output-Steuerung Fähigkeit der Zielsetzung Engagement der Politik

Vgl. Bühler 2002; OECD 2005, S. 71

Hinsichtlich der Implementierung soll noch einmal betont werden, dass die Umstellung auf performance-orientierte Steuerungsprozesse einen kontinuierlichen Weiterentwicklungs- und Lernprozess darstellt, für den es keinen „one best way“ gibt. Sowohl landeskulturell als auch organisationsbezogen variieren Modelle und Umstellungsprozesse stark. Darüber hinaus ist der Erfolg auch von den handelnden Akteuren abhängig – sowohl bei der Konzeption und Einführung als auch in Hinblick auf die konkrete Umsetzung.

Im Sinne einer erfolgreichen Implementierung sind auch immanent technische wie konzeptionelle Herausforderungen zu bewältigen. Von der Beherrschbarkeit und Identifizierbarkeit von Einflussfaktoren auf Wirkungen und Leistungen bis hin zu deren Messung reichen die nunmehr seit Jahrzehnten offenen Fragen des Performance Measurement, Budgeting und Management – dies vor allem aufgrund der Komplexität öffentlicher Leistungen. Der Effekt, dass bestimmte Leistungs-/Wirkungsmessungen zu unerwünschten Nebeneffekten führen können, ist aus den verschiedensten Kontexten bekannt. Ausgelöst wird dieser Effekt primär von Komplexitätsreduktionen, welche der Preis jeder Performance-Messung sind. Die oft „vereinfachte" Darstellung komplexer Sachverhalte mit Hilfe von Performance-Informationen stellt einen nicht unwesentlichen Grund für die zurückhaltende Nutzung von Performance-Informationen dar (vgl. van Dooren et al. 2010).

Als wesentlicher Faktor einer „gelungenen" Performance-Orientierung wird häufig ein „Kulturwandel" strapaziert. So pauschal der Begriff auch ist, drückt er dennoch die Unbeeinflussbarkeit des Prozesses jenseits der technisch-konzeptionellen Ebene aus: Messbarmachung und Offenlegung von Zielen, Leistungen und sonstigen Kriterien zur Beurteilung öffentlicher Aktivitäten gehen nicht immer einher mit einer politischen Logik, in der Performance-Informationen nicht systematisch, sondern jeweils opportun zur Verstärkung eigener Argumente verwendet werden (vgl. Kroll/ Küchler-Stahn 2009). Inwiefern eine solche neue Steuerung mit der politischen Logik vereinbar ist, wird ihren Erfolg jedoch wesentlich beeinflussen. Es gilt kulturelle Barrieren zu überwinden, sodass Performance-Informationen nicht länger als „Fremdkörper" gelten (vgl. van Dooren et al. 2010).

Darüber hinaus forciert eine Performance-Orientierung die Verantwortlichkeit der unterschiedlichen Akteure, auch jenseits der politischen Verantwortlichkeit. Verwaltungsakteure können somit transparenter und formal einfacher zur Rechenschaft gezogen werden. Auch hier ist mit Widerständen und entsprechenden „Gegenmaßnahmen" zu rechnen. Das Repertoire reicht von Verhinderung bis hin zur Verschleierung oder Understatement der Ziele. Man darf auch nicht verhehlen, dass der Anspruch an die Verwaltungsführung, aber auch an die Mitarbeiter, bei einem solchen Steuerungsmodell deutlich erhöht ist.

Wenngleich viele Konzepte im Bereich der performance-orientierten Verwaltungsführung hinsichtlich zentraler Elemente und Bezeichnungen unverändert geblieben sind, so wandelt sich deren Bedeutung im Laufe der Zeit oft nicht unbeträchtlich. Waren die Ansätze in den 1990er Jahren noch stark von NPM inspiriert (d.h. Fokus auf Allokationsmechanismen,

Output-Messung und technische Aspekte wie z.B. eine adäquate KLR), so stehen heute Transparenz, Accountability und Wirkungen stärker im Mittelpunkt. Dieser Entwicklung entspringt beispielsweise die stärker werdende konzeptionelle Verknüpfung der Ergebnisorientierung mit Modellen des Gender- oder Diversity-Budgeting bzw. mit Folgenabschätzungen.

Derartige Entwicklungen sind – aufgrund des hohen Integrationspotentials der Performance-Dimension – auch in anderen Bereichen denkbar bzw. zu erwarten. Wesentlich für das Gelingen wird neben der konzeptionellen Verknüpfung der einzelnen Systeme vor allem die praktische Verknüpfung in Hinblick auf die Steuerungsrelevanz und Verwendung von Leistungskennzahlen („Performance Use") (vgl. Robinson 2007e; van de Walle/van Dooren 2008; van Dooren et al. 2010) in den unterschiedlichen Arenen des politisch-administrativen Systems (von der Haushalts- bis zur Personalsteuerung, von der politischen bis zur konkreten Verwaltungssteuerung) sein.

5 Dezentrale Ressourcen- und Leistungsverantwortung

Stärkung und Dezentralisierung der Managementautonomie in der öffentlichen Verwaltung – insbesondere durch die Einrichtung verselbständigter oder ausgegliederter Verwaltungseinheiten – sowie die damit einhergehende Einführung kontrakt-basierter Performance-Budgeting- und -Management-Systeme unter gleichzeitiger Reduktion haushaltsrechtlicher Beschränkungen, vor allem durch Gewährung von Globalbudgetzuweisungen, waren zentrale Trends der internationalen Verwaltungsmodernisierung während der letzten Jahrzehnte (vgl. Pollitt et al. 2004; OECD 2005; Pollitt/Bouckaert 2011; siehe auch Kap. 4.3). Im Verbund kombinieren diese „Kerndoktrinen des NPM" (Hood 1991) die Forderung „let the managers manage" (durch erhöhte Managementautonomie) mit der Strategie „make the managers manage" (durch Stärkung der Ergebnisverantwortlichkeit).

Diese Idee ist in Deutschland unter dem Begriff der „dezentralen Ressourcen- und Ergebnisverantwortung", insbesondere im Neuen Steuerungsmodell (NSM; vgl. KGSt 1993), verankert. Konkretes Resultat solcher Ansätze sind verselbständigte Verwaltungseinheiten in verschiedensten organisationalen Ausprägungsformen (die anglo-sächsische Literatur spricht hier gesamthaft von sogenannten „agencies"[1]), welche mit höherer budgetärer und personeller Entscheidungsautonomie in einer gewissen Distanz zur Kernverwaltung („at arm's length") operieren.[2] Im Gegenzug dazu müssen sich verselbständigte Einheiten und deren Führungskräfte einer verstärkten Ergebnis- und Leistungsverantwortung (Performance Accountability) stellen.

Derartige Verwaltungsreformbestrebungen werden allerdings durchaus auch kritisch betrachtet (für einen Überblick vgl. Verhoest et al. 2011a): Neue Herausforderungen werden insbesondere in

– Steuerungs- und Koordinierungsproblemen („Steuerungsvakuum" oder „Untersteuerung"; für Deutschland siehe z.B. Reichard 1994; Kolbe 2006),

---

1 Wir verwenden in dieser Publikation den Begriff der „Agentur" für den international üblichen Terminus „agency".

2 Für einen Überblick über Entwicklung und Konsequenzen dieses Phänomens siehe etwa Greve et al. (1999), OECD (2002), Pollitt et al. (2004), Christensen/ Lægreid (2006), Verhoest et al. (2010), Verhoest et al. (2011a, b) bzw. für den deutschsprachigen Kontext insbesondere Jann/Döhler (2007) sowie Bach et al. (2010).

- im Verlust der politischen Makrosteuerung (zur Makrosteuerung vgl. Kap. 3.1 und 3.2) sowie
- in den beträchtlichen Reform- und Transaktionskosten der neuen Steuerung und Kontrolle (Rebürokratisierungseffekt) gesehen.

Verselbständigungen und Ausgliederungen führen oftmals zu einer durchaus problematischen Fragmentierung der Verwaltung, was wiederum die ressortübergreifende Koordination bzw. Umsetzung von „whole-of-government“[3]-Maßnahmen deutlich erschwert. Zwecks Herstellung einer Balance zwischen dezentraler Eigenverantwortlichkeit und zentraler Steuerung und Kontrolle geht eine Dezentralisierung im operativen Bereich daher meist mit der Zentralisierung strategischer Entscheidungskompetenzen und der Stärkung zentral angesiedelter Steuerungs- und Kontrollkompetenzen einher (vgl. OECD 2005; Demmke et al. 2007).

Wir widmen uns in der Folge einer zusammenfassenden Darstellung internationaler Entwicklungslinien: Der Trend zu Ressourcen- und Ergebnisverantwortung durch stärker dezentrale Verwaltungsarrangements sowie kontraktbasierte Steuerungsmechanismen (vgl. auch Kap. 4.3) mit Fokus auf Zielvorgaben und Leistungsmessung wird in Kapitel 5.1 dargestellt, die Flexibilisierung des Haushaltswesens als zentraler Aspekt einer Ressourcendezentralisierung in Kapitel 5.2. Aufbauend auf zwei empirische Studien aus Österreich[4] folgt eine Auseinandersetzung mit der Aus-

---

3 Im Rechnungswesen wird für eine solche „whole-of-government“-Betrachtungsweise das Instrument der Konzernbilanzen forciert, bei der auch dem Sektor Staat zuzurechnende Ausgliederungen und Organisationen mit dem Kernhaushalt konsolidiert werden (vgl. Kapitel 2.3). Die Performance-Orientierung betont den inklusiven Charakter der Ausrichtung der Verwaltung und Haushalte auf deren Performance durch die konzeptionelle Einbeziehung auch ausgelagerter Bereiche der Staatstätigkeit (vgl. Einleitung zu Kapitel 4).

4 Wir nehmen Bezug auf zwei empirische Untersuchungen auf Ebene der österreichischen Bundesverwaltung: Zum einen eine 2008 durchgeführte Evaluierung eines zentralen Reformprojektes zur Stärkung der dezentralen Ressourcen- und Leistungsverantwortung bei nicht ausgegliederten Verwaltungseinheiten (die sogenannte „Flexibilisierungsklausel“, vgl. dazu Hammerschmid et al. 2008 sowie weitere Erfahrungsberichte und Analysen, u.a. Fleischmann 2001; Bundeskanzleramt 2003; Promberger et al. 2005; Steger 2005; Promberger et al. 2008); zum anderen eine Untersuchung der Autonomie und Steuerung verselbständigter Verwaltungseinheiten – sowohl nachgeordnete Dienststellen wie auch Ausgliederungen – auf Basis einer 2009 durchgeführten Fragebogenerhebung (vgl. Hammerschmid et al. 2010b, 2011; diese Erhebung erfolgte im Rahmen des internationalen COBRA/COST-CRIPO Forschungsnetzwerkes (vgl. http://soc.kuleuven.be/io/cost/ [zuletzt aufgesucht am 30.09.2012]) und wurde unterstützt durch För-

gestaltung, den Auswirkungen sowie den Herausforderungen einer Umsetzung dezentraler Ressourcen- und Leistungsverantwortung: in Kapitel 5.3 zur Flexibilisierungsklausel und in Kapitel 5.4 zu verselbständigten Verwaltungseinheiten und Ausgliederungen. Das abschließende Kapitel 5.5 fasst einige wesentliche Schlussfolgerungen zusammen.

5.1 Trend zur Verselbständigung von Verwaltungseinheiten und Einführung von Kontraktmanagement

Verwaltungseinheiten mit verstärkter Managementautonomie haben in vielen Staaten auf Zentralstaats-/Bundesebene in den letzten zwei Jahrzehnten an Bedeutung gewonnen und wurden zu einem wichtigen Thema sowohl in der Verwaltungspraxis (vgl. OECD 2004, 2005) als auch -wissenschaft (vgl. z.B. Naschold et al. 1999; Pollitt et al. 2004; Christensen/Lægreid 2006; Jann/Döhler 2007; Bach et al. 2010). Prominente Beispiele dieses Reformtrends sind etwa die „next-step agencies“ in Großbritannien, die „agentschappen“ und „zelfstandig bestuursorganen“ in den Niederlanden oder die „centres de responsabilité“ in Frankreich. Es handelt sich dabei um von der Ministerialverwaltung getrennte, aber nach wie vor dem Geltungsbereich des öffentlichen Sektors zugehörige Verwaltungseinheiten, deren Aufgaben meist hochspezialisiert und auf den Vollzug beschränkt sind. Sie werden nicht, wie im klassischen Bürokratiemodell, direkt (d.h. hierarchisch), sondern vielmehr indirekt über Kontrakte und Zielvereinbarungen mit globalen Budgetzuweisungen gesteuert – mit dem Ziel, Raum für ein performance-orientiertes Management vor Ort zu schaffen (vgl. Pollitt et al. 2004).

Idealtypisch können derartige Reformbestrebungen anhand von drei zentralen Charakteristika beschrieben werden („Agency-Modell“, siehe Pollitt et al. 2004):

(a) strukturelle Verselbständigung von Aufgaben aus den Ministerien bzw. Wahrnehmung neuer, zusätzlicher Aufgaben in verselbständigten Einheiten;
(b) stärkere Managementautonomie bzw. Ausweitung der operativen Entscheidungsspielräume, etwa durch die Lockerung budgetärer Vorgaben;

---

dergelder des Jubiläumsfonds der Österreichischen Nationalbank (Projektnummer: 13025). Wenngleich solche empirischen Ergebnisse stets vor dem Hintergrund des spezifischen Kontexts gesehen werden müssen, so erlauben sie doch interessante Blickwinkel auf die mit derartigen Reformschritten allgemein verbundenen Auswirkungen und Problematiken.

(c) Umgestaltung der Steuerungsbeziehungen zwischen Ministerien und verselbständigten Einheiten durch Instrumente des Performance Management (z.B. Kontraktmanagement oder Purchaser-Provider-Systeme; siehe Kapitel 4.3, insbesondere Unterpunkte a und f).

Insbesondere Kontrakte zur Spezifizierung und Umsetzung politisch gewünschter Prioritäten und Leistungsziele sind ein entscheidendes Merkmal moderner Agenturen. Unverzichtbares Element ist dabei ein weitgehend globalisiertes Budget (vgl. Kap. 3.3): In Staaten mit langjähriger Agentur-Erfahrung (z.B. Großbritannien, Niederlande, skandinavische Staaten) ist die Dezentralisierung der Finanz- und Personalverwaltung und die Verbindung von Ressourcen- und Leistungsverantwortung weitreichend umgesetzt (Verhoest et al. 2011a). Ein weiteres entscheidendes Element einer solchen performance-orientierten Steuerungslogik ist eine gesteigerte Transparenz in Hinblick auf die finanzielle Lage und die erbrachten Leistungen, nicht zuletzt durch umfassende öffentliche Berichterstattung. Trotz der unbestrittenen Erfolge wird auch auf eine Vielzahl an Problemen verwiesen, die sich aus solchen Veränderungen ergeben (vgl. OECD 2005; Verhoest et al. 2011a):

Die zentrale Herausforderung besteht insbesondere in der politisch-strategischen Steuerung, Koordination und Kontrolle von verselbständigten Verwaltungseinheiten, vor allem auch in der Ausgestaltung und im Umgang der Steuerung mit Kontrakten (siehe Kap. 4.3 Unterpunkt a). Aus organisationaler Sicht stellen Anreize für die betroffenen Einheiten (z.B. eine gewisse finanzielle Sicherheit für einen begrenzten Zeitraum) sowie eine entsprechende personelle, budgetäre und organisationale Bewegungsfreiheit entscheidende Erfolgsvoraussetzungen der (Erst-)Einführung dar. Insbesondere sollen nicht die möglichst präzise Definition und Messung quantitativer Ziele im Mittelpunkt stehen, sondern vielmehr die mittels kontinuierlicher und transparenter Aushandlungs- und Lernprozesse abgestimmten Ziele und Ergebnisse. Verschuere et al. (2007) argumentieren, dass gesteigerte Accountability vor allem durch eine stärkere Verflechtung zwischen Ressort und verselbständigter Einheit sowie durch ein verpflichtendes Performance Reporting (vgl. Kap. 4.4) zu erreichen ist.

■ 5.2 Flexibilisierung des Haushaltswesens in dezentralen Steuerungsarrangements

Mit der Umsetzung dieser neuen Steuerungslogik sollte in weiterer Konsequenz eine flankierende Modernisierung des Haushaltsmanagements einhergehen (vgl. Naschold et al. 1999; OECD 2005). Eine wesentliche Lockerung der Input-Vorgaben sowie der korrespondierende Übergang von einer ex ante inputorientierten hin zu einer ex post ergebnisorientierten Steuerung sind auch für die Steuerung verselbständigter Einheiten wesentlich (zum Trend in Richtung Lockerung von Haushaltsregeln siehe Kap. 3.3). Die Verwendung des Budgets soll eigenverantwortlich innerhalb eines vorgegebenen Gesamtrahmens in den einzelnen Fachbereichen erfolgen und dem Management vor Ort einen angemessenen Handlungsspielraum im Budgetvollzug sowie einen Anreiz zu wirtschaftlichem Verhalten einräumen. Kernbestandteil eines solchen Systems ist die Globalbudgetierung (siehe Kap. 3.3). Mitunter ist eine Budgetflexibilisierung auch mit der Einforderung eines Produktivitätsabschlags bzw. einer Effizienzdividende (siehe Kap. 3.2) durch die Zentralstellen verknüpft, um auf diese Weise einen Teil der erwarteten „Effizienzgewinne" abzuschöpfen (vgl. Bals 2008).

Im Gegenzug für diese neuen Freiheiten sollen die Entscheidungsträger in den verselbständigten Einheiten verstärkt für das Erreichen vereinbarter Ziele verantwortlich gemacht werden: Mit Hilfe einer outputorientierten Budgetierung (d.h. primär auf Outputs/Produkte ausgerichtete Budgetzuweisung; vgl. dazu etwa Kap. 4.3 Unterpunkt f zum Purchaser-Provider-System) bzw. eines umfassenden Performance Budgeting (vgl. Kap. 4.2) werden Leistungskennzahlen und Performance-Informationen in den Budgeterstellungsprozess zwischen Ressort und verselbständigter Einheit integriert.

Besonders ausgeprägt erscheint der Reformbedarf im Haushaltswesen in Verwaltungskontexten legalistisch-bürokratischer Prägung. Internationale Vergleiche (vgl. Jann/Döhler 2007; OECD 2007; Bach et al. 2010; Verhoest et al. 2011a) machen deutlich, wie verhalten man sich der Thematik einer dezentralen Ressourcen- und Leistungsverantwortung beispielsweise auf Ebene der Deutschen Bundesverwaltung nähert; im Gegensatz zu vielen anderen Staaten kann von einem „Agency Fever" nicht die Rede sein. Die Einführung des Neuen Steuerungsmodells bzw. des Kontraktmanagements ist hier vielfach nicht mit der Ablöse inputorientierter, hierarchischer Steuerung verknüpft; Zielvereinbarungen stärken weniger die dezentrale Ergebnisverantwortung, sondern ergänzen vielmehr (bestenfalls) die Informationsbasis der übergeordneten Ministerien und die bestehende Input-Steuerung.

Das Agentur-Modell findet in Deutschland zwar Anwendung, allerdings entsprechen die Verwaltungseinheiten den Anforderungen, die international an eine Agentur gestellt werden, nur sehr eingeschränkt; der Agenturbegriff verstärkt vielfach rein außenwirksam den Innovationscharakter (vgl. Jann/Döhler 2007; Bach et al. 2010). In Österreich wurden derartige Reformen in Form von Ausgliederungen und im Rahmen der Flexibilisierungsklausel aufgegriffen (vgl. Kap. 5.3 und 5.4). In der Schweiz wurde mit dem Modell der „Führung über Leistungsauftrag und Globalbudgetierung“ (FLAG) die Idee einer ergebnisorientierten Steuerung sowie einer weitgehenden Dezentralisierung und Flexibilisierung des Haushaltswesens sehr umfassend – aber nur für einen Teilbereich der Verwaltung – umgesetzt (vgl. dazu Box 14).

*Box 14: Das Schweizer Modell der Führung über Leistungsauftrag und Globalbudgetierung (FLAG)**

„Führen mit Leistungsauftrag und Globalbudget“ (FLAG) ist ein zentrales Element der Umsetzung von Grundideen der Wirkungsorientierten Verwaltungsführung (WoV) – der Schweizer Variante des NPM – auf Bundesebene. Als allgemeine Eckpfeiler der WoV gelten insbesondere eine klare Kompetenzverteilung zwischen Politik und Verwaltung, die Verknüpfung von Leistungen bzw. Wirkungen mit der Ressourcenzuweisung, die Steuerung mittels Globalbudgetierung und Leistungsaufträgen, eine verstärkte Delegation von Verantwortung an die ausführenden Verwaltungsbehörden sowie eine Orientierung an den Bedürfnissen der Kunden (vgl. Ritz 2003; Eidgenössische Finanzverwaltung 2008).

Mit dem erklärten Ziel einer effizienteren und effektiveren Aufgabenerfüllung wurde FLAG in einer Pilotphase von 1997 bis 2001 im Rahmen verschiedener Einzelvorhaben erstmalig umgesetzt und in der Folge – auf Basis der positiven Ergebnisse eines umfassenden Evaluierungsberichts (vgl. Balthasar et al. 2001; Schweizerischer Bundesrat 2001) – bundesweit eingeführt. Der FLAG-Status wurde dabei jenen Verwaltungseinheiten der Bundesverwaltung zugesprochen, welche die Kriterien der grundsätzlichen Möglichkeit zur Kompetenzdelegation und der Umsetzbarkeit des erhöhten Handlungsspielraums mit einem erkennbaren Mehrwert für den Bund erfüllen. Im Jahr 2009 wurden bereits 23 Verwaltungseinheiten, darunter das Informatik Service Center, das Bundesamt für Metrologie, die Vollzugsstelle für den Zivildienst oder das Schweizer Nationalgestüt, mit rund einem Sechstel aller Mitarbeiter sowie rund 30% des Eigenaufwandes des Bundes nach diesem Modell geführt (vgl. Evaluationsbericht FLAG 2009).

FLAG-Verwaltungseinheiten verfügen zwar über keine eigene Rechtspersönlichkeit, wohl aber aufgrund der neuen Steuerungsinstrumente über eine erhöhte Autonomie. Zusätzlich zur Erfüllung ihres Grundauftrags sind sie in der Lage, kommerzielle Leistungen zu erbringen. FLAG-Verwaltungseinheiten führen ein betriebliches Rechnungswesen, das Neue Rechnungsmodell (NRM) der Bundesverwaltung, und verfügen verpflichtend über eine (nach Produktgruppen gegliederte) KLR sowie über ein steuerungsrelevantes Controlling- und Reporting-System. Erklärtes Ziel des Konzepts ist es, das staatliche Handeln verstärkt

Abb. 9: Integrierte Leistungs- und Wirkungssteuerung im FLAG-Steuerungsmodell

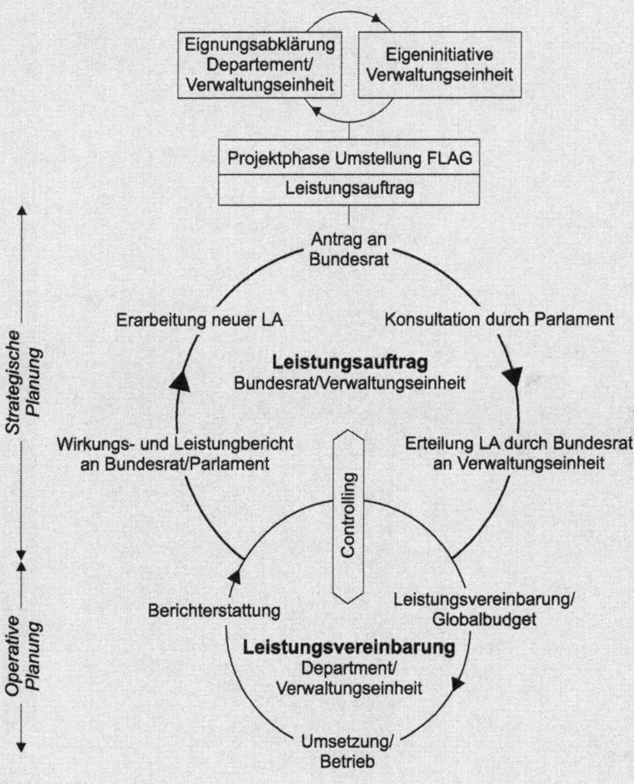

Quelle: Eidgenössische Finanzverwaltung (2012), http://www.flag.admin.ch/d/dokumentation/doc/Prospekt_FLAG_de.pdf, S.4 (zuletzt aufgesucht am 30. 09.2012)

an messbaren Leistungen und Wirkungen auszurichten, Aufgaben und Verantwortungen stufengerecht an Verwaltungseinheiten zu delegieren, die Effizienz und Effektivität der Verwaltungsführung zu verbessern und bewährte privatwirtschaftliche Führungsinstrumente zu übernehmen. Das Steuerungsmodell FLAG (vgl. dazu Abb. 9) ergänzt die herkömmlichen Prinzipien der Haushaltssteuerung mit neuen Instrumenten, wobei insbesondere der Leistungsauftrag, das Globalbudget sowie ein ausgebautes Controlling zentral sind. Es wird zwischen einem mehrjährigen Leistungsauftrag der Regierung unter Beteiligung des Parlaments (Leistungs- und Wirkungsziele pro Produktgruppe sowie die dafür erforderlichen Ressourcen) und den jährlichen Leistungsvereinbarungen, die den Leistungsauftrag konkretisieren, unterschieden.
Das Globalbudget bzw. der finanzielle Rahmen für die FLAG-Verwaltungseinheit wird auf Basis des Leistungsauftrags (dort für drei Jahre ausgewiesen) jährlich vom Parlament bewilligt, wobei die erforderli-

Abb. 10: Finanzielle Elemente im Rahmen der jährlichen Leistungsvereinbarung

Finanzen							
	Staatsrechnung (Istwerte)	Voranschlag (Jahresbudget)		Finanzplan (mehrjährige Planung)			Wachstum Ø (x–1) – (x+3)
Erfolgsrechnung	(X–2)	(X–1)	(X)	(X+1)	(X+2)	(X+3)	
Total				in Mio. Fr.			in %
Ertrag	0,0	0,0	0,0	0,0	0,0	0,0	
Aufwand	0,0	0,0	0,0	0,0	0,0	0,0	
davon Subventionen	0,0	0,0	0,0	0,0	0,0	0,0	
davon gewerbliche Leistungen	0,0	0,0	0,0	0,0	0,0	0,0	
Entwickl. Kostendeckungsgrad							
Investitionsrechnung	(X–2)	(X–1)	(X)	(X+1)	(X+2)	(X+3)	
Globalbudget				in Mio. Fr.			in %
Einnahmen	0,0	0,0	0,0	0,0	0,0	0,0	
Ausgaben	0,0	0,0	0,0	0,0	0,0	0,0	

Produktgruppen-Ebene				
	Staatsrechnung (Istwerte)	Voranschlag (Jahresbudget)		Abweichung zum Voranschlag (X–1)
Kosten und Erlöse	(X–2)	(X–1)	(X)	
Erlöse in Mio. Fr.	0,0	0,0	0,0	0,0
> davon gewerbl. Leistungen in %	0,0	0,0	0,0	0,0
Kosten in Mio. Fr.	0,0	0,0	0,0	0,0
> davon gewerbl. Leistungen in %	0,0	0,0	0,0	0,0
Saldo in Mio. Fr.	**0,0**	**0,0**	**0,0**	**0,0**
Kostendeckungsgrad in %	0,0	0,0	0,0	0,0

chen jährlichen Kreditmittel in zwei Globalbudgets (Erfolgsrechnung und Investitionsrechnung) ausgewiesen werden und auf Produktgruppenebene durch Eckdaten aus der Kosten- und Erlösrechnung (Erlöse, Kosten und Kostendeckungsgrad) ergänzt werden. Für die beiden Globalbudgets werden lediglich jeweils zwei Eckwerte – gesamter Funktionsaufwand und Funktionsertrag bei der Erfolgsrechnung sowie gesamte Investitionsausgaben und Investitionseinnahmen – angeführt und beschlossen. Das Parlament kann für besonders wichtig befundene Produktgruppen auch Planungsgrößen für die Kosten und Erlöse festlegen.

Ein umfassender Evaluationsbericht des Schweizerischen Bundesrates aus dem Jahr 2009 zeichnet ein mehrheitlich positives Bild und bestätigt die Erfolge des Modells in der Umsetzungspraxis:

- bessere betriebliche Führung der Verwaltungseinheiten,
- ein verstärktes Leistungs- und Kostenbewusstsein und motivierende Effekte für die Mitarbeiter,
- eine verbesserte politische Führung der Verwaltungseinheiten durch die Departmente sowie
- eine gut funktionierende parlamentarische Steuerung und Aufsicht.

Im Jahr 2011 bestätigte der Bundesrat, aufbauend auf diese positiven Erfahrungen mit FLAG, seine Unterstützung für ein neues, flächendeckendes und ergebnisorientiertes Führungsmodell und erteilte an das Eidgenössische Finanzdepartment den Auftrag für die Vorbereitung und Einführung eines „Neuen Führungsmodells Bund“ (NFB).

* Ausführliche Informationen auf der diesbezüglichen Homepage der Eidgenössischen Finanzverwaltung unter http://www.flag.admin.ch (zuletzt aufgesucht am 30. 09.2012)

5.3 Flexibilisierungsklausel im österreichischen Bundeshaushaltsrecht

Ermutigt durch positive Erfahrungen in anderen Staaten wurde in Österreich 1999 die sogenannte „Flexibilisierungsklausel“ im Bundeshaushaltsgesetz beschlossen.[5] Dieser Ansatz ermöglicht ausgewählten Verwaltungseinheiten auf Basis von drei- bis vierjährigen Leistungsvereinbarungen einen flexibleren und eigenverantwortlichen Einsatz finanzieller Ressour-

5 Vgl. http://www.bka.gv.at/site/6359/default.aspx (zuletzt aufgesucht am 30.09.2012).

cen. Politisches Ziel war vor allem die Erprobung neuer Steuerungsmechanismen in Hinblick auf eine umfassende Reform des Haushaltsrechts. Als Reformprojekt „mit Versuchscharakter" sollte die Flexibilisierungsklausel aufzeigen, inwieweit sich dezentrale Ressourcen- und Leistungsverantwortung positiv auf die Effizienz und Wirtschaftlichkeit, Leistung und das allgemeine Managementhandeln auswirkt.

Verfolgt wurde auch der Anspruch, wesentlichen Kritikpunkten am österreichischen Haushaltswesen (vgl. Csoka 1998) – Zentralismus, detaillierte Bindungswirkung, Jährlichkeitsprinzip, Input-Orientierung (zu dieser Kritik vgl. auch Kap. 1) – zu begegnen: Unter dem Regime der Flexibilisierungsklausel sind die Leitungen der betroffenen Verwaltungseinheiten insbesondere zu eigenverantwortlichen überplanmäßigen Ausgaben (durch Entnahme von Rücklagen, Deckung aus anderen Budgetansätzen oder Mehreinnahmen sowie durch Einsparungen in Folgejahren) bzw. auch zur Bildung von Rücklagen innerhalb eines vorgegebenen Saldos aus Einnahmen und Ausgaben (sogenannter Unterschiedsbetrag) ermächtigt. In Form von Verordnungen je Verwaltungseinheit wird der budgetäre Rahmen (d.h. die geplanten Einnahmen und Ausgaben) dieser Verwaltungseinheit in Mehrjahresbudgets rechtlich verbindlich festgelegt und mit Arbeitsprogrammen (inklusive Leistungszielen, organisationsspezifischen Zielen und teilweise auch Wirkungszielen) verknüpft. Die flankierenden Verordnungen umfassen korrespondierende Controlling- und Reportingmechanismen in Bezug auf das jeweilige Mutterressort bzw. das Finanzministerium, außerdem ist eine Berichterstattung an das Parlament vorgesehen – also ein partielles Performance Reporting für die betroffene Einheit (vgl. Kap. 4.4).

Auch wenn nur ein sehr kleiner Teil der österreichischen Bundesverwaltung in dieses Reformprojekt involviert war (ca. 1.600 Beschäftigte in 21 Verwaltungseinheiten)[6], so gilt die Flexibilisierungsklausel heute als ein maßgeblicher Reformschritt im Bereich dezentraler Budgetverantwortung und ergebnisorientierter Steuerung. Nicht zuletzt bestärkten die gemachten Erfahrungen die Bemühungen in Hinblick auf eine umfassende Haushaltsrechtsreform (siehe Fußnote 3 in Kap. 4, S. 74). Knapp zehn Jahre Umsetzung dieses Reformprojektes wurden 2008 zum Anlass genommen, drei dieser Verwaltungseinheiten systematisch zu evaluieren. Zentrale Ergebnisse dieser Evaluierung werden hier kurz dargestellt.[7]

---

6 Die Flexibilisierungsklausel tritt mit der Einführung der Haushaltsrechtsreform des Bundes Ende 2012 außer Kraft.

7 Die Ausführungen in diesem Unterkapitel basieren weitgehend auf einer Studie von Hammerschmid et al. (2008).

5.3.1 Positive Auswirkungen auf den finanziellen Erfolg und die Performance

Eine Betrachtung der finanziellen Entwicklungen und Ergebnisse der untersuchten Verwaltungseinheiten legt nahe, dass die neuen Gestaltungsmöglichkeiten und Anreize gerade in der Anfangsphase durch Generierung von Effizienz- und insbesondere Einnahmensteigerungen zur Erreichung eines überplanmäßig positiven Saldos führen. Es steht den Verwaltungseinheiten zu, diesen Saldo eigenständig etwa für Investitionen (z.B. überfällige Sanierung von Anlagen, Arbeitsplatzgestaltung) und Mitarbeiterprämien zu verwenden.

Das Potential zur Generierung bzw. Steigerung von Einnahmen hängt jedoch stark vom konkreten Aufgabengebiet der jeweiligen Verwaltungseinheit ab und variiert daher erheblich: Je höher die Marktfähigkeit der durch eine flexibilisierte Verwaltungseinheit erbrachten Leistungen (z.B. Studien, Schulungsleistungen, Fuhrpark), umso stärker kann das Potential dieser neuen Steuerungslogik genutzt werden. Offensichtliche Einsparungs- und Effizienzsteigerungspotentiale waren allerdings meist relativ rasch ausgereizt und positive Unterschiedsbeträge konnten in weiterer Folge fast ausschließlich über die Einnahmenseite erzielt werden. Insbesondere die im öffentlichen Sektor dezentral unbeeinflussbaren, jedoch kontinuierlich steigenden Personalkosten („Personalautomatismen") werden gerade für jene Verwaltungseinheiten, die hohe Personalausgaben, aber kaum Einnahmemöglichkeiten haben, bereits nach wenigen Jahren zur zentralen budgetären Herausforderung.

Trotz – oder gerade wegen – dieser budgetären Herausforderungen ist ein deutlicher Bewusstseins- und Kulturwandel in der Führung, aber auch bei den Mitarbeitern in Richtung stärkere Eigenverantwortlichkeit und Selbständigkeit (Intrapreneurship), Kostenbewusstsein und verstärkter Einsatz betriebswirtschaftlicher Instrumente zu beobachten. Im Ergebnis zeigen sich eine fundiertere und professionellere Entscheidungsfindung sowie das Entstehen einer neuen Planungs- und Controllingkultur – also einer praktischen Verankerung des Performance Managements.

Dieser Wandel geht einher mit der Notwendigkeit einer intensiven Auseinandersetzung mit Fragen der Festlegung von Leistungen, Zielen und Instrumenten der Leistungsmessung, welche eine vertiefte Kenntnis der eigenen Schlüsselprozesse, die kritische Betrachtung und das Hinterfragen bestehender organisationaler Strukturen und Prozesse fördert. Die Beschäftigung mit Performance-Instrumenten hat wesentliche Effekte in Hinblick auf den Kulturwandel. Aufgrund der Schwächen der verwendeten Indikatoren kann aber noch nicht auf eine Verbesserung der Effektivität des Verwaltungshandels rückgeschlossen werden. Dennoch sind eine deutlich verstärkte Innovationsfähigkeit, ein neues Kostenbewusstsein und Ansätze der Prozessoptimierung sichtbare Ergebnisse dieses „betriebswirtschaftlichen Denkens“.

Diese Entwicklungen tragen zu einer Stärkung der organisationalen Identität bei und schlagen sich in einer gesteigerten intrinsischen (vor allem durch stärkere Identifikation mit der Verwaltungseinheit) als auch extrinsischen Motivation der Mitarbeiter, insbesondere durch Leistungsprämien und aus Überschüssen finanzierte Weiterbildungsmaßnahmen, nieder.

Vor dem Hintergrund dieser positiven Erfahrungen ist die Flexibilisierungsklausel nach Ansicht nahezu aller beteiligten Akteure nicht als kurzfristiges Sanierungsinstrument zu qualifizieren, sondern wirkt als Schub in Richtung modernes Verwaltungsdenken und fungiert als wesentlicher Hebel einer nachhaltigen Verwaltungsmodernisierung.

5.3.2 *Defizite und Herausforderungen bei der Umsetzung der neuen Steuerungslogik*

Obwohl die Erfahrungen als mehrheitlich positiv eingeschätzt wurden, lässt die Evaluierung dennoch ein Bündel an Defiziten, kritischen Punkten und nicht intendierten Effekten erkennen, welche sich vielfach mit internationalen Erfahrungen decken (vgl. z.B. Verhoest et al. 2011b) und die auch wichtige Entwicklungspotentiale gerade für legalistisch geprägte Verwaltungssysteme darstellen.

Strategische Untersteuerung durch die Ministerialverwaltung und neue Spannungsfelder

Die Erfahrungen mit der Flexibilisierungsklausel zeigen, dass Dezentralisierung neue Konfliktlinien zwischen verselbständigten Verwaltungseinheiten und dem Mutterressort entstehen lässt. Das Regime der Flexibilisierungsklausel bietet – im Vergleich zu anderen Formen der Dezentralisierung (z.B. Ausgliederungen) – zwar deutlich bessere Möglichkeiten einer Steuerung durch das Mutterressort, dennoch bemängeln durchwegs alle beteiligten Akteure, insbesondere aber die verselbständigten Verwaltungseinheiten selbst, eine nur unzureichende Koordination sowie vor allem eine zu schwache strategische Steuerung durch die Zentralstellen.

Kritisiert wird eine zu wenig ausgeprägte „strategische Prioritätensetzung“, unklare Verantwortlichkeiten, intransparente Kommunikationswege und das Fehlen einer Dialog- und Aushandlungskultur, vage Arbeitsaufträge und spontane Eingriffe (z.B. durch Beauftragungen) in den operativen Bereich, die die mittel- wie langfristige Planung mitunter erheblich erschweren. Die Mutterressorts wiederum sehen die durch Autonomie, eigene Identität und neues Selbstbewusstsein initiierten Abkopplungstendenzen der Verwaltungseinheiten durchaus kritisch.

Die Festlegung geeigneter Spielregeln zwischen Verwaltungseinheit und Mutterressort, die klare und verbindliche Kommunikation von strategischen Prioritäten und Zielen sowie die Definition von eindeutigen Kriterien der Zielerreichung bzw. von angemessenen Wirkungsindikatoren würde den Verwaltungseinheiten eine stärkere Planungssicherheit und bessere strategische Ausrichtung ermöglichen. Dies zeigt deutlich, dass nicht nur die verselbständigten Verwaltungseinheiten Lernprozesse durchlaufen, sondern auch die Mutterressorts erst lernen müssen, mit den neuen Steuerungsmöglichkeiten und -verpflichtungen adäquat umzugehen. Die hier gewonnenen Erfahrungen machen die in Kapitel 4.5 angesprochene stärkere Kopplung der Performance-Steuerung mit dem Strategieprozess und dem politischen Prozess deutlich, der alle Steuerungsebenen (zentrale Steuerung, Steuerung der Fachbereiche, Steuerung verselbständigter Einheiten) umfasst.

Notwendigkeit einer stärkeren Verknüpfung mit dem Personalmanagement

Wie auch schon in früheren Evaluationen (vgl. Bundeskanzleramt 2003) aufgezeigt, erweist sich insbesondere eine nicht korrespondierende Personalflexibilität – wobei nicht nur der rechtliche Rahmen von Dienst-, Besoldungs- und Disziplinarrecht, sondern auch die restriktive Handhabung durch die Zentralstellen gemeint ist – als eine wesentliche Einschränkung der Flexibilisierungsklausel. Genehmigungsvorbehalte oder Überreglementierungen schränken personelle Kompetenzen der Verwaltungseinheiten deutlich ein und konterkarieren die budgetäre Autonomie. Unzufriedenheit und Frustration in den Verwaltungseinheiten sind die Folge dieser Reduktion des Gestaltungsspielraums.

Hohe Beständigkeit der Input-Orientierung

Bedingt durch die starke Ausrichtung auf den Saldo als Erfolgsgröße und als Grundlage neuer Gestaltungsspielräume bleibt zumindest oberflächlich weiterhin eine stark inputorientierte Steuerungslogik bestimmend. Dies zeigt sich etwa anhand der in den jeweiligen Verordnungen spezifizierten Kennzahlen, welche mehrheitlich Input- bzw. Ressourcengrößen umfassen. Leistungsmengen, Qualität und Kundenzufriedenheit haben in die Kennzahlensysteme ebenfalls bereits Eingang gefunden, nicht zuletzt deshalb, da die Verwaltungseinheiten nun Einnahmen generieren können. Wirkungsindikatoren sind hingegen kaum zu finden. Den Ansprüchen einer umfassenden performance-orientierten Steuerung wird also erst ansatzweise entsprochen; auch dies unterstreicht die notwendige Kopplung mit dem Strategieprozess.

Balance übergeordneter Budgetvorgaben und dezentraler Ressourcenverantwortlichkeit

Erhebliches Spannungspotential liegt in der auf den einzelnen Ressorts lastenden Einhaltung fiskalischer Regeln, insbesondere Obergrenzen im Ausgabenrahmen (vgl. Kap. 3.2), und den damit verbundenen Gegensteuerungsmaßnahmen der Ministerien (z.B. Budgetreduktionen in dezentralen Einheiten). Solche Maßnahmen stellen die Glaubwürdigkeit des Steuerungsregimes – die Eigenverantwortlichkeit, Planungssicherheit und Sicherstellung attraktiver Anreizstrukturen – vor Herausforderungen, denen durch geeignete Kommunikationsmaßnahmen zumindest begrenzt begegnet werden kann.

Die untersuchten Verwaltungseinheiten folgen keinem einheitlichen Planungsprozess oder -verfahren, insbesondere was die Berücksichtigung externer Faktoren, die Fortschreibung vergangener Budgetwerte sowie das Hinterfragen einzelner Budgetposten betrifft. Insbesondere die fehlende produkt- und leistungsorientierte Budgetierung (kein Formelbudget und nur eingeschränkte Einbeziehung von „performance-informed" Elementen in die konkrete Haushaltsplanung; zu den Modellen siehe Kap. 4.2) führt zu Unsicherheiten bei den Dienststellen.

Sicherstellung einer sachgerechten und nachhaltigen Budgetierung

Wie oben bereits angesprochen führt die Flexibilisierungsklausel insbesondere in den Anfangsjahren zu schnellen finanziellen Erfolgen mit klaren Saldenverbesserungen und starker Rücklagenbildung. Der anfängliche positive Effekt von Produktivitätssteigerungen relativiert sich ab der zweiten Projektperiode vielfach. Wie schnell dies geschieht, hängt vor allem von der Budgetierung seitens des Ressorts sowie der Beeinflussbarkeit der Ausgaben durch die jeweilige Dienststelle ab. Nachdem Einsparungspotentiale relativ rasch ausgeschöpft sind, wird das finanzielle Korsett allerdings zunehmend enger.

Kontinuierlich steigende Personalkosten (vor allem Automatismen) werden bei der Budgetierung nicht berücksichtigt, ebenso wenig wie zusätzliche Belastungen aufgrund externer Faktoren. Die Dienststellen äußern vielfach den Wunsch – vor allem im Bereich der Personalausgaben – nach einer realistischeren Budgetierung. Ein Blick auf die Sachausgaben zeigt allerdings auch, dass die häufig genutzte Möglichkeit, eigenständig über Investitionen zu entscheiden, mitunter zu langfristigen Folgekosten führen kann, deren Deckung den budgetären Druck auf die Dienststellen noch weiter erhöht.

Insgesamt zeigen sich somit gewisse zeitliche Grenzen der Logik der Flexibilisierungsklausel. Der praktische Budgetierungsprozess bleibt, was Indexierungen oder Produktivitätsabschläge betrifft, weitgehend intransparent (zu Möglichkeiten im Umgang mit budgetdynamisierenden Effekten siehe Kap. 3.2). Weder harte Regeln noch nachvollziehbare, einheitliche Praktiken haben sich bislang etabliert. Dies führt zur gegenseitigen Zuschreibung von Willkür von Dienststellen und Mutterressort.

Neue Führungskultur und integrierter Einsatz der Steuerungsinstrumente

Dezentralisierung und verstärkte Eigenverantwortlichkeit stellen erhebliche Anforderungen an die Führungskräfte in der Verwaltung. Sie erfordern vor allem die Entwicklung eines angemessenen Managementsystems und den adäquaten Umgang mit neuen (betriebswirtschaftlichen und strategischen) Instrumenten und Methoden. Insbesondere geht damit aber auch die Notwendigkeit einer aktiveren Rolle der Organisationsspitze einher, welche sich u.a. in einer kritischen Auseinandersetzung mit den eigenen Leistungen und in Form neu entstehender Konfliktlinien bei gestalterischen Entscheidungen (z.B. Priorisierung von Aufgaben) manifestieren muss. Kosten-Nutzen-Denken hinsichtlich des Personaleinsatzes oder die Schwierigkeiten einer angemessenen Leistungsbeurteilung der Mitarbeiter (z.B. als Grundlage für Leistungsprämien) stellen konkrete Beispiele für derart neue Führungsaufgaben dar. Die Befähigung der Führungskräfte zur erfolgreichen Bewältigung dieser neuen Führungs- und Managementaufgaben erweist sich als wesentlicher Erfolgsfaktor.

Was die Führungskräfte von Flexibilisierungseinheiten anlangt, ist insbesondere in Hinblick auf die Etablierung und den Einsatz von Managementinstrumenten deutliches Verbesserungspotential erkennbar. Im Rahmen der Evaluierung wurde immer wieder auf das mit Leistungskennzahlen verbundene Instrumentarium hingewiesen, welches die Erwartungen hinsichtlich Steuerungsrelevanz vielfach nicht erfüllt. Dies ist nicht nur dem hohen Zeitdruck und der mangelnden Unterstützung durch die Mutterressorts in der Entwicklungsphase geschuldet, sondern auch dem fehlenden Know-how vor Ort. Der Umgang mit Kennzahlensystemen und

-berichten bedeutet gewissermaßen Neuland für die Mehrheit der Verwaltungseinheiten. Leistungskennzahlen werden folglich weniger als Steuerungsmöglichkeit zu Führungszwecken denn vielmehr als Pflichtübung zur Rechenschaftsablegung gegenüber dem Mutterressort interpretiert.

In Hinblick auf den Auf- und Ausbau steuerungsrelevanter Kennzahlen- und Berichtssysteme hin zu einem integrierten Managementinformationssystem zur Sicherstellung aktueller Steuerungsdaten (Personal, Finanzen, Leistungs- und Wirkungskennzahlen), die systematisch aus den strategischen Zielen und Prioritäten des Ressorts abgeleitet werden, zeichnet sich der Bedarf nach einer Gesamtstrategie, nach längeren Entwicklungszeiten sowie insbesondere die Notwendigkeit der Befähigung von Führungskräften zur Bewältigung dieser Herausforderungen ab.

Insgesamt zeigt sich somit trotz beachtlicher Erfolge und einer *grosso modo* positiven Gesamtbeurteilung der Flexibilisierungsklausel ein relativ breites Spektrum an Herausforderungen und Verbesserungspotentialen. In Hinblick auf die Ausgestaltung der Haushaltsrechtsreform sprach sich die Evaluierung für eine Beibehaltung der bewährten Komponenten aus, stellte aber auch fest, dass Bereiche mit Globalbudgets über ausreichend Spielraum verfügen müssen und dass klare Regeln bei der Bildung und Auflösung von Rücklagen sowie im Umgang mit externen, nichtbeeinflussbaren Faktoren auf das Budget notwendig sind. Inwieweit diese Erfahrungen ausschließlich aus den Besonderheiten dieses Reformprojektes resultieren oder allgemeinere Relevanz in einem stark legalistisch geprägten Verwaltungskontext haben, wird im nachfolgenden Kapitel beleuchtet.

5.4 Autonomie und Steuerung verselbständigter und ausgegliederter Verwaltungseinheiten in Österreich

Im Rahmen eines international vergleichenden Forschungsprojektes[8] wurde die Ausgestaltung, Steuerung und Kontrolle von verselbständigten und ausgegliederten Einheiten der österreichischen Bundesverwaltung analysiert (vgl. Hammerschmid et al. 2010 und 2011). Die Studie basiert auf einer Fragebogenerhebung und umfasst bundesweit 65 Verwaltungseinheiten (Rücklaufquote von 38%), die sich in privatrechtlich ausgegliederte Einheiten, öffentlich-rechtlich ausgegliederte Einheiten, Einheiten unter

8 COST Action IS0601 on Comparative Research into Current Trends in Public Sector Organizations (vgl. Verhoest et al. 2011b)

der Flexibilisierungsklausel (vgl. Kap. 5.3) sowie Bundesämter und nachgeordnete Verwaltungseinheiten unterscheiden lassen.[9]

5.4.1 Unterschiedliche Autonomieniveaus

Ein erster Fokus der Analyse war eine differenzierte Betrachtung unterschiedlicher Dimensionen von Autonomie (vgl. Verhoest et al. 2004). Generell hat die Autonomie in den letzten fünf bis zehn Jahren zugenommen: Knapp 90% der untersuchten Verwaltungseinheiten nehmen insgesamt einen Anstieg der Autonomie wahr. Wie erwartet, variiert das Ausmaß der wahrgenommenen budgetären[10] und personellen Autonomie zwischen den vier Typen verselbständigter Einheiten erheblich (vgl. Abb. 11), während interessanterweise die fachlich-inhaltliche Autonomie – d.h. die Art und Weise des Aufgabenvollzugs sowie der Prioritätensetzung – durchgehend als relativ hoch eingestuft wird. So nehmen beispielsweise auch Bundesämter und nachgeordnete Dienststellen ein vergleichsweise hohes Ausmaß

Abb. 11: Wahrgenommene Autonomieniveaus verselbständigter und ausgegliederter Verwaltungseinheiten

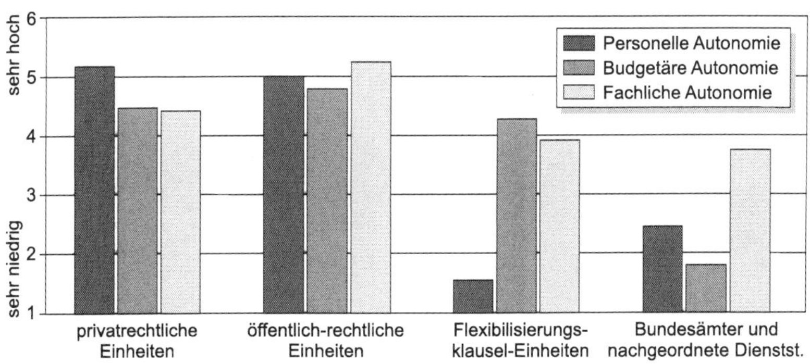

9 Der relative Anteil dieser vier Typen beim untersuchten Sample entsprach weitgehend dem der Grundgesamtheit von 175 Verwaltungseinheiten.

10 Budgetäre Autonomie beruht auf einer Gesamtbetrachtung von verschiedenen Faktoren, die in der Erhebung auch separat abgefragt wurden; u.a. Fähigkeit der Organisation, unabhängig vom Ministerium Kredite für Investitionen aufzunehmen, die Höhe von Gebühren und Abgaben festzulegen, Preise/Kostenersatz für Leistungen festzulegen, Sach- zu Personalmitteln zu übertragen (und/oder umgekehrt), Personal-/Sachaufwand zu Investitionsmitteln zu übertragen (und/oder umgekehrt) sowie Mittel ins Folgejahr zu übertragen.

an fachlich-inhaltlicher Autonomie wahr, sehen sich hingegen hinsichtlich ihrer budgetären und personellen Autonomie sehr eingeschränkt (was die traditionell hohe Regulierungsdichte bei Budget und Personal sowie die starke Input-Orientierung widerspiegelt). Dies zeigt, dass das österreichische Verwaltungssystem trotz seiner starken hierarchischen Prägung durchaus inhaltlich-fachliche Freiräume zuzulassen scheint.

Der Wunsch nach größerer Flexibilität und einer stärkeren Managementautonomie war zentrales Motiv vieler Ausgliederungsbestrebungen. Die vorliegende Untersuchung bestätigt, dass dies weitgehend realisiert werden konnte. Interessant ist, dass die konkrete rechtliche Form – privatrechtliche versus öffentlich-rechtliche Ausgliederung – keine Rolle spielt und öffentlich-rechtlichen Ausgliederungsformen insgesamt sogar eine stärkere Managementautonomie zugeschrieben wird.

Zentrales Motiv der Flexibilisierungsklausel (vgl. Kap. 5.3) war die Erhöhung finanzieller Gestaltungsmöglichkeiten und Eigenverantwortlichkeit. Dies scheint insofern gelungen zu sein, als diese Verwaltungseinheiten heute ein ähnlich hohes Ausmaß budgetärer Autonomie wie Ausgliederungen wahrnehmen. Auffallend ist allerdings, dass erhöhte budgetäre Autonomie auch Erwartungen hinsichtlich personeller Autonomie weckt: Obwohl Einheiten unter der Flexibilisierungsklausel gleichen dienstrechtlichen Rahmenbedingungen unterliegen wie Bundesämter und nachgeordnete Dienststellen, sehen sie ihre personellen Gestaltungsmöglichkeiten deutlich problematischer. Die Analyse bestätigt gleichzeitig erhebliche Variationen der Autonomie nicht nur zwischen unterschiedlichen rechtlichen Typen, sondern insbesondere auch innerhalb der gleichen rechtlichen Form.

5.4.2 Begrenzt ergebnisorientierte Steuerung

Ein zweiter wesentlicher Schwerpunkt der Untersuchung war die Beziehung der verselbständigten Verwaltungseinheiten zu ihrem übergeordneten Ministerium sowie die Relevanz und Ausprägung ergebnisorientierter Steuerung in diesem Verhältnis. Die Beziehung zum übergeordneten Ministerium wird überwiegend sehr positiv beurteilt (72% der befragten Organisationen schätzen das Vertrauen als hoch oder sehr hoch ein) und hat sich während der letzten fünf Jahre auch tendenziell verbessert (47%; versus 50% „relativ konstant" und nur 3% „verschlechtert").

Die traditionelle Form der Steuerung in der österreichischen Bundesverwaltung – bürokratisch-hierarchisch, mit Vorabgenehmigungen von Budget und Personal, Weisungen, informellen Kontakten und einer ausgeprägten rechtlich-prozeduralen Logik (vgl. Hammerschmid/Meyer 2005;

Meyer/Hammerschmid 2006) – wurde in den letzten fünfzehn Jahren durch eine stärker managementorientierte Logik mit Zielen, Leistungskennzahlen, Controlling und neuen Berichtspflichten aufgeweicht. Für die Steuerung und Kontrolle ausgegliederter Verwaltungseinheiten wurde etwa eine Beteiligungscontrolling-Richtlinie erlassen, die neben einer starken finanziellen Berichterstattung auch ein Leistungscontrolling vorsieht.

Die Untersuchungsergebnisse zeigen, dass die Kontaktintensität zwischen den Verwaltungseinheiten und den Ministerien sehr hoch und weiterhin von informellen Treffen geprägt ist. Informelle Treffen zwischen den Leitern der Verwaltungseinheiten und dem übergeordneten Ministerium finden in der Regel wöchentlich oder zumindest monatlich statt. Formelle Meetings sind seltener und finden vor allem vierteljährlich statt. Eine wichtige Quelle für den Einfluss eines Ministeriums auf die dezentralen Einheiten sind Personalentscheidungen in der Führung der Verwaltungseinheiten. So kommt in 63% der untersuchten Verwaltungseinheiten dem Minister eine maßgebliche Rolle bei der Bestellung der Leitung bzw. der Geschäftsführung zu.

Ergebnisorientierte Steuerung der dezentralen Verwaltungseinheiten durch die Ministerialverwaltung etwa in Form von Kontrakten, Zielvereinbarungen auf unterschiedlichen Ebenen und Leistungskennzahlen ist ebenfalls vorhanden, allerdings nur in einem sehr begrenzten Ausmaß. Die dezentralen Verwaltungseinheiten verfügen in Hinblick auf die Zielformulierung und Zielsetzung über ein sehr hohes Maß an Selbständigkeit. 75% der befragten Verwaltungseinheiten geben an, dass sie die Ziele entweder vollständig selbst formulieren oder diese nach einer Konsultation des Ministeriums eigenständig erarbeiten. Besonders ausgeprägt ist diese Selbständigkeit bei ausgegliederten Verwaltungseinheiten.

Bei der überwiegenden Mehrzahl der verselbständigten Verwaltungseinheiten fehlen quantifizierte Zielgrößen und auch bei der Beurteilung der Zielerreichung nimmt das übergeordnete Ministerium keine entscheidende Rolle ein – wiederum ein Verweis auf die Notwendigkeit eines integrierten, strategischen Performance-Gesamtkonzepts. In der Mehrheit der Verwaltungseinheiten erfolgt die Beurteilung der Zielerreichung durch die Verwaltungseinheit selbst (65%), häufig allerdings unter Einbindung des übergeordneten Ministeriums (53%). Belohnungen oder Sanktionen auf Basis der Zielerreichung spielen eine untergeordnete Rolle: In 66% der befragten Einheiten hat die Zielerreichung keinen Einfluss auf Belohnungen; ebenso haben verfehlte Ziele oder schlechte Ergebnisse keine Auswirkungen (74%).

Auch Leistungskennzahlen sind für das Steuerungsverhältnis zwischen Ministerium und betroffener Verwaltungseinheit von untergeordneter Relevanz (3,1 auf einer sechs-stufigen Skala). Lediglich eine einzige Einheit berichtet, dass Kennzahlen in „sehr großem Ausmaß“ Anwendung finden. Auch im Fall der Flexibilisierungsklausel, für welche Kennzahlen verpflichtend in je eigenen Verordnungen spezifiziert sind, ist die Relevanz relativ gering. Die Ergebnisse zeigen zudem, dass die bestehenden Kennzahlen vor allem auf Inputs und Outputs fokussieren und nur in sehr geringem Ausmaß Wirkungen (Outcomes) berücksichtigen. Formale Berichterstattung gegenüber dem übergeordneten Ministerium als weiteres Element eines Performance Management findet zumeist vierteljährlich oder jährlich statt, wobei die Antworten auf eine geringe Effektivität der bestehenden Systeme schließen lassen. Nur 19% der Befragten sehen eine hohe Relevanz der Berichterstattung an das übergeordnete Ministerium, während 37% die Relevanz als gering einschätzen. Vorhandene verwaltungsrechtliche Vorschriften, wie etwa die Beteiligungscontrolling-Richtlinie, werden differenziert, aber insgesamt kritisch beurteilt. Lediglich 5% der Befragten beurteilen die Zweckmäßigkeit und Relevanz positiv, während 41% den Regelungen sehr kritisch gegenüberstehen.

Insgesamt zeigt sich somit generell eine zunächst primär instrumentelle, aber prozessual schwache Institutionalisierung einer ergebnisorientierten Steuerung von dezentralen und ausgegliederten Verwaltungseinheiten durch die Ministerialverwaltung, eine starke Permanenz traditioneller Formen der Steuerung und Kontrolle und letztendlich mangelhafte praktische Verknüpfung der Performance-Orientierung mit Entscheidungs- und Steuerungsprozessen.

Während die Idee einer dezentralisierten Managementverantwortung bereits umgesetzt wurde, sind neue Formen der Steuerung und Kontrolle noch wenig ausgeprägt. Es besteht die Gefahr, dass der Aufbau neuer Steuerungssysteme den Maßnahmen der Dezentralisierung hinterherhinkt und es dadurch zu einer bereits oben angesprochenen strategischen Untersteuerung durch die Ministerialverwaltung kommt. Gleichzeitig wird von den Leitungen der Verwaltungseinheiten die Richtigkeit des eingeschlagenen Weges bestätigt. Befragt nach den wichtigsten Maßnahmen bzw. Änderungen, um die Leistungsfähigkeit ihrer Verwaltungseinheit zu verbessern, werden eine Erhöhung der Autonomie und Flexibilität (22%) sowie verbesserte Managementinstrumente (16%) neben einer Verbesserung der Ressourcenausstattung und Einnahmen (19%) als wichtigste Entwicklungen genannt.

Organisational weitgehend verselbständigte Verwaltungseinheiten, erhöhte Managementautonomie, eine verstärkt performance-orientierte (d.h. auch strategische) Steuerungslogik sowie die Flexibilisierung des zugrunde gelegten Haushaltswesens gelten heute international als weitgehend unbestrittene Kernelemente einer modernen Verwaltungsführung (siehe dazu den Überblick in Kap. 2.2). Die Ausführungen und empirischen Evidenzen in diesem Kapitel illustrieren, dass diese Reformideen in Österreich auf Ebene der Bundesverwaltung bei der Steuerung verselbständigter Einheiten bereits Eingang gefunden haben. Die konkrete Umsetzung erweist sich allerdings vor dem Hintergrund eines mächtigen traditionellen Verwaltungsverständnisses als äußerst anspruchsvoll: Gerade die Konzeption neuer Steuerungsinstrumente und deren sinnvolle Einsatzmöglichkeiten lassen eine Reihe von Schwierigkeiten, Bruchlinien und neuen Herausforderungen erkennen. In puncto Steuerungsrelevanz des Performance-Management-Systems (vgl. Bouckaert/Halligan 2008; siehe Kap. 4.3) führt der eingeschlagene Weg von der Verankerung einer „Performance Administration" hin zu einem „Management of Performances". Die Analyse zeigt deutlich die Vorteile solcher neuen Arrangements auf. Die Reforminitiativen fungieren als wesentliches Vehikel einer nachhaltigen Verwaltungsmodernisierung, indem sie insbesondere zu einem Bewusstseins- und Kulturwandel in den betroffenen Verwaltungseinheiten beitragen und den Weg in Richtung Performance-Orientierung ebnen.

Die Umsetzungserfahrungen in Österreich weisen auf die Notwendigkeit eines integrierten Ansatzes hin, der systematisch alle Ebenen der Steuerung in einem Gesamtkonzept – von fiskalischen Regeln bis hin zu Programmbudget und der Dienststellensteuerung – verbindet und unterschiedliche „Stellschrauben" in der organisationalen Ausgestaltung der Verwaltungseinheiten berücksichtigt. Dies umfasst beispielsweise das Zusammenspiel von Autonomie und Flexibilisierung nicht nur in Hinblick auf finanzielle, sondern auch personelle Ressourcenverantwortung, das sinnvolle Ineinandergreifen neuer Management- und Berichtsinstrumente, eine Kopplung operativer Prozesse an einen langfristig-orientierten, strategischen Rahmen und vor allem aber auch die Sicherstellung von Know-how und Qualifizierung der Mitarbeiter und Führungskräfte im Umgang mit den neuen Rahmenbedingungen.

Die Erfahrungen in Österreich unterstreichen, dass zur Vermeidung von „Steuerungsschieflagen" die Freiheitsgrade im Haushalt in konsequenter Weise auch für die Steuerung des Personals gelten müssen (international vgl. auch Verhoest et al. 2011b). Dieser Punkt verweist damit auf institutionelle Arrangements und organisationale Verbindungslinien innerhalb des Verwaltungsapparates. Einen weiteren wesentlichen Erfolgsfaktor stellt der Aufbau entsprechender Steuerungskompetenz der übergeordneten Ministerialverwaltung vor allem in Hinblick auf eine strategische Prioritätensetzung und ziel- und ergebnisorientierte Steuerung dar, welcher konsequenterweise ein geeignetes Dialogmodell zwischen Fachressort und dezentralen Einheiten umfasst. Internationale Empfehlungen (vgl. Verhoest et al. 2011b) weisen ähnlich in Richtung eines „Relational Contracting" sowie eines dauerhaften „Performance Dialogue". In diesem Zusammenhang wird auch die Notwendigkeit eines kohärenten Rahmens als Orientierungshilfe in Hinblick auf Autonomiegrad und korrespondierenden Steuerungsbedarf diskutiert. Ein solcher bildet die Basis einer klaren politischen Vision/Strategie und damit auch die Grundlage für einen wesentlich systematischeren Zugang in puncto Auswahl der geeigneten Ausgestaltungs- und Steuerungsformen.

6 Haushaltsmodernisierung in den Bundesländern

Während die Umsetzungsdynamik der Haushaltsmodernisierung in Deutschland stark von der kommunalen Verwaltungsebene geprägt ist und für diese Ebene auch bereits empirische Evidenzen über Umsetzungserfahrungen vorliegen (vgl. insbesondere Bals 2008; Bogumil et al. 2007 und 2011; Städtetag/pwc 2011), sind die Erfahrungen auf Länderebene bislang kaum untersucht. Vielmehr bleibt das Spektrum der Maßnahmen der Haushaltsmodernisierung auf Ebene der Bundesländer sehr breit und schwer fassbar, da häufig zwischen Ankündigungen und Konzeptpapieren auf der einen Seite und konkreter Umsetzung auf der anderen Seite eine deutliche Lücke klafft. Das vorliegende Kapitel wagt den Versuch eines systematischeren Überblicks über die Reformdynamiken und Erfahrungen auf Länderebene für Deutschland (Kap. 6.1), Österreich (Kap. 6.2) und die Schweiz (Kap. 6.3), gegliedert nach den drei Themenbereichen

(1) Performance-Orientierung bzw. ergebnisorientierte Steuerung,
(2) Rechnungswesen (vor allem die Einführung doppischer Rechnungslegung) sowie
(3) fiskalische Nachhaltigkeit.[1]

6.1 Reformdynamik und -erfahrungen in den deutschen Bundesländern ■

Die Steuerung und Ausrichtung der Verwaltungen an Leistungen (bzw. Produkten) stand seit Anfang der 1990er Jahre im Zentrum der Modernisierungsbemühungen der öffentlichen Verwaltungen in Deutschland. Die erste Reformphase war stark von der Diskussion und Umsetzung des Neuen Steuerungsmodells (NSM) geprägt, wobei in den 1990er Jahren vor allem Themen der Ergebnissteuerung – wie die Definition von Produkten, die Einführung einer KLR und der Aufbau von Controlling – im Vordergrund standen (vgl. KGSt 1993).

---

1 Die Ausführungen zu den Erfahrungen in Deutschland basieren u.a. auf einer aktuellen Studie des Instituts für den öffentlichen Sektor (2012). Ein Fragebogen mit Fragen zur Bestandsaufnahme der Reformmaßnahmen, deren Auswirkungen sowie dem Nutzen und Optimierungspotential wurde an sämtliche Finanzministerien auf Länderebene versandt und von 14 Ländern (vor allem von den für Haushaltsmodernisierung zuständigen Organisationseinheiten) beantwortet.

Das NSM war grundsätzlich als kommunales Reformmodell konzipiert, hatte aber von Anfang an auch eine starke Ausstrahlung auf die Länder (vgl. Jann 2011, S. 105f.). Besonders deutlich wurde dies am Beispiel der Stadtstaaten Bremen, Hamburg und Berlin, die ab 1994 dessen flächendeckende Einführung beschlossen (vgl. Prigge et al. 1999); die Flächenländer reagierten deutlich verhaltener und mit zeitlicher Verzögerung. In einer zweiten Reformphase nach 2000 fanden, wiederum angeregt durch die Kommunen, zunehmend Ansätze einer Reform des Rechnungswesens Eingang in die Modernisierungsagenden der Länder. Der aktuell erreichte Entwicklungsstand in diesen beiden Reformbereichen wie auch die Bedeutung flankierender Maßnahmen zur Sicherstellung der fiskalischen Nachhaltigkeit als aktuellste Herausforderung werden im Folgenden näher dargestellt.

6.1.1 Performance-Orientierung bzw. ergebnisorientierte Steuerung

Das NSM als Modernisierungsleitbild (vgl. KGSt 1993) schlägt eine Vielzahl an Instrumenten für das Performance Management vor (siehe Kap. 4.3). Bereits seit Mitte der 1990er Jahre ergänzten die Länder ihre Haushaltsordnungen derart, dass die Einführung betriebswirtschaftlicher Instrumente möglich wurde. Die meisten Länder führten Pilotprojekte durch, deren Ergebnisse jedoch nur vereinzelt publiziert (vgl. Ziegler/Winkler 2003) bzw. in Länderrechnungshofberichten erörtert wurden. Zu den relativ früh eingeführten Instrumenten gehört die KLR, welche in sechs Bundesländern[2] als flächendeckend eingeführt gilt, während sie in den anderen Ländern lediglich in ausgewählten Bereichen zur Anwendung gelangt (vgl. Budäus/Hilgers 2009b).

Neben der Einführung der KLR lag ein weiterer Schwerpunkt in der Einführung einer neuen outputorientierten Gliederungslogik des Budgets (vgl. dazu Kap. 3.4). Auf Länderebene wurde das Konzept des Produkthaushalts (und somit eine Form des Performance Budgeting) in Bremen, Hamburg und Hessen (vgl. Box 12) flächendeckend eingeführt. Die meisten übrigen Länder arbeiten mit einem weniger weitreichenden produktorientierten Haushalt lediglich in Pilotbehörden bzw. im nachgeordneten Bereich.

Weitreichend integrierte Ansätze einer Neuen Steuerung (in Annäherung an ein Modell einer Performance-Orientierung wie in Kap. 4.1 darge-

---

2 Baden-Württemberg, Berlin, Brandenburg, Mecklenburg-Vorpommern, Niedersachsen und Schleswig-Holstein.

stellt) wurden in den Stadtstaaten Berlin, Bremen und Hamburg sowie in Baden-Württemberg, Hessen, NRW und Rheinland-Pfalz eingeführt.

Der *Hamburger* Haushaltsplan enthält beispielsweise bereits seit 1997 nicht nur Produktinformationen, sondern sieht auch die dezentrale Verwaltung der Personalausgaben vor. Mit der Gründung des Projektes „Neues Haushaltswesen Hamburg" im Jahr 2006 wurde ein integrierter Ansatz zur ziel- und wirkungsorientierten Budgetierung und Steuerung auf Basis eines Produkthaushaltes beschlossen und mit dem bestehenden Doppikprojekt (vgl. Box 17 in Kap. 6.1.2) verknüpft. Wichtiger Bestandteil ist die systematische Integration von Ergebnis-, Finanz- und Kennzahlenplanung sowie der Aufbau eines entsprechenden Berichtswesens. Insbesondere die Einführung der ziel- und ergebnisorientierten Steuerung erwies sich als sehr anspruchsvoll und kam in den letzten Jahren nach einigen Pilotversuchen in ausgewählten Einheiten zunehmend ins Stocken, so dass man sich Ende 2011 zu einer inhaltlichen Neuorientierung unter dem Begriff „Strategische Neuausrichtung des Haushaltswesens" entschloss. Dieses sieht ca. 250 Produktgruppen als zentrale Planungsebene für die Festlegung von Produkthaushalten, Zielen und Kennzahlen sowie die flächendeckende KLR vor.

In *Bremen* sind seit dem Produktgruppenhaushalt 2002/2003 den Produkten flächendeckend Ziele und Kennzahlen zugeordnet, die über Kontrakte von den ausführenden Behörden umgesetzt werden. Einen interessanten, stark einsparungsorientierten Ansatz implementierte *Berlin* („Berliner Budgetierung"; vgl. Box 15).

Unter den Flächenstaaten begann *Hessen* 1996 mit einem Kabinettsbeschluss die „Konzeption der Neuen Verwaltungssteuerung (NVS)" auf Basis eines doppischen Rechnungswesens. Über NVS sollen Wirtschaftlichkeit, Transparenz, Leistungsorientierung und Steuerbarkeit der Verwaltungen landesweit erhöht werden. Ein grundlegender Kabinettsbeschluss vom 14.07.1998 sah die Umstellung des Landeshaushaltes bis 2008 auf Produktsteuerung mit ergebnisorientierter Budgetierung mit Produkten, Kennzahlen, Zielen, Leistungsvereinbarungen und Controlling vor. Seit 2005 wird der Landeshaushalt als Produkthaushalt erstellt (vgl. dazu Box 12; zur Doppikreform in Hessen siehe Box 18).

NRW verfolgt mit dem Projekt EPOS seit 2003 ebenfalls einen umfassenden Ansatz der Neuen Steuerung (vgl. Box 16).

*Box 15: Berliner Modell einer Globalbudgetierung**

Berlin beschloss bereits 1994, das NSM binnen weniger Jahre vollständig für alle Bezirke einzuführen. Markantestes Element ist eine produkt- und benchmarking-basierte Budgetierung für die Bezirke („Berliner Budgetierung"). Seit 2001 finanzieren sich die Bezirke über Globalbudgets, deren Höhe von der Senatsverwaltung für Finanzen berechnet wird. Jeder Bezirk stellt – auf der Grundlage dieses Globalbudgets – einen Haushaltsplan auf. Nach der Bestätigung durch die Bezirksverordnetenversammlung muss der Haushaltsplan auch vom Abgeordnetenhaus von Berlin beschlossen werden. Die Zuweisung der Haushaltsmittel für die Bezirke erfolgt auf Basis der erbrachten Verwaltungsprodukte und des Medians der Produktkosten aller Bezirke. Nach dem Prinzip „Menge mal Preis" ergibt sich für jeden Bezirk ein Produktsummenbudget, welches Bestandteil der Globalbudgetsumme ist (untergliedert nach Investitionsausgaben, Personalausgaben sowie konsumtive Sachausgaben mit einer weiteren Untergliederung von Transferzahlungen an Dritte und gesetzlich vorgeschriebenen Geldzahlungen).

Durch diesen einheitlichen Zuweisungspreis werden klare Anreize für mehr Wirtschaftlichkeit bei der Leistungserstellung gesetzt. Jeder Bezirk, dessen Produktstückkosten unterhalb des Zuweisungsbetrags liegen, kann den Differenzbeitrag in voller Höhe behalten und eigenverantwortlich verwenden; eine Überschreitung wird ins Folgejahr übertragen. Im Rahmen einer seit Ende der 1990er Jahre jährlich erscheinenden Broschüre „Was kostet wo wieviel? – Berliner Bezirke im Kostenvergleich" wird – basierend auf Informationen aus der KLR – eine Vielzahl von Verwaltungsleistungen sowohl über alle Bezirke als auch im Vergleich zum Vorjahr analysiert und dargestellt.

Das Globalsummenprinzip wird seit 1995 angewandt und ist in der Landesverfassung verankert.

* Vgl. Harms 2006; Jordan 2007

*Box 16: Projekt EPOS in NRW**

Nordrhein-Westfalen startete im Jahr 2003 eine umfassende Reform unter dem Namen „Einführung von Produkthaushalten zur outputorientierten Steuerung – Neues Rechnungswesen" (EPOS-NRW) mit den drei Hauptzielen:

(1) Neuausrichtung der Verwaltungssteuerung,
(2) Beitrag zur Haushaltskonsolidierung und
(3) Modernisierung des Haushalts- und Rechnungswesens.

Durch Umstellung auf die Doppik sollen eine höhere Transparenz und Nachhaltigkeit des Verwaltungshandelns erreicht werden.

EPOS-NRW umfasst eine flächendeckende KLR, Produkthaushalte mit Kennzahlen, Kontraktmanagement und dezentrale Ressourcenverantwortung sowie ein zielorientiertes Controlling, welches die Binnensteuerung der Behörden, die vertikale Steuerung in den Ressorts und die Steuerung durch das Parlament erlaubt. Konzeptioneller Eckpfeiler dieses Reformansatzes sind der Produkthaushalt sowie ein Neues Rechnungswesen auf Basis der Integrierten Verbundrechnung. Diese besteht aus den vier miteinander verbundenen Komponenten einer Vermögens- und Bestandsrechnung, einer Ergebnisrechnung, einer Finanzrechnung sowie einer aus der Ergebnisrechnung abgeleiteten KLR.

Die konkrete Ausgestaltung des geplanten Systems wurde in einem über 200 Seiten umfassenden fachlichen Rahmenkonzept festgelegt. Dort wird etwa festgehalten, dass das Rechnungssystem (Buchführungssystem) mit Vermögens- und Ergebnisrechnung die Werte für die Kosten- und Leistungsrechnung liefert, um dort die Kosten den verschiedenen Produkten bzw. Leistungen zuzuordnen. Die Daten für die Finanzrechnung werden ebenfalls aus diesem Rechnungswesen abgeleitet, wobei diese Rechnung zunächst der bisherigen kameralen Darstellung – allerdings in aggregierter Form – folgt und erst später in Richtung einer privatwirtschaftlichen Cashflow-Rechnung zur Liquiditätsbeurteilung weiterentwickelt werden soll.

Alle Bestandteile des Rechnungswesens sind derart miteinander verbunden, dass nur eine einzige Eingabe der Daten des jeweiligen Geschäftsvorgangs erfolgen muss. In der Entwicklungsphase soll erprobt werden, in welchen Strukturen die Produktkosten parallel zum kameralen Landeshaushalt ermittelt und für eine zukünftige Haushaltsdarstellung aufbereitet werden können. Diese soll in engem Zusammenwirken mit den Mitgliedern des Landtages erfolgen, um die Budgethoheit des Parlaments auch im neuen System bestmöglich sicherzustellen. Die Budgetierung selbst wird während der Phase der weiterhin führenden Kameralistik als Gesamtausgabenbudgetierung ähnlich einem Globalbudget eingeführt und soll erst nach Umstellung auf den Produkthaushalt als Ergebnisbudgetierung fortgeführt werden. Die Gesamtausgabenbudgetierung hat bereits Niederschlag in den jährlichen Haushaltsgesetzen gefunden und sieht umfassende gegenseitige Deckungsfähigkeiten innerhalb der jeweiligen Budgets (mit Ausnahme der Investitionen) sowie ein Rücklagenprinzip für Folgejahre vor.

Das Projekt sollte ursprünglich in drei Phasen (Verabschiedung Rahmenkonzept, Schaffung Umsetzungsvoraussetzungen für die Fläche sowie gestaffelte Umsetzung) bis Ende 2014 abgeschlossen werden, kam aber ins Stocken. Im Koalitionsvertrag 2012–2017 der neuen Regierung findet sich weiterhin das Bekenntnis zur Fortsetzung des eingeschlagenen Reformweges in Richtung Neues Rechnungswesen und Einführung der KLR in der gesamten Landesverwaltung. Der frühzeitige Einbezug des Parlaments in den Umstellungsprozess ist dabei explizit festgehalten.

* Nähere Informationen siehe http://www.epos.nrw.de (zuletzt aufgesucht am 30.09.2012)

Im Gegensatz zu diesen integrierten Ansätzen verfolgt etwa *Bayern* einen schrittweisen und pragmatischen Einstieg. 1995 wurde der Einsatz von Steuerungsinstrumenten wie Budgetierung, KLR und Controlling erprobt. Aufgrund einer Rechnungshofprüfung im Jahr 1999 und der Aufforderung zur Erstellung eines Gesamtkonzepts wurde ein solches vom Landtag im Jahr 2004 unter dem Titel „Moderne Steuerungselemente" beschlossen. Es sieht u.a. die Einführung von Produkthaushalten in Pilotbehörden und die Verbesserung des Controlling vor, stellt konkrete Maßnahmen jedoch in das Ermessen der einzelnen Ressorts. Ende 2008 wurde ein Bericht der Staatsregierung über den Einsatz neuer Steuerungselemente in der bayerischen Staatsverwaltung veröffentlicht, der das Zusammenwirken der Steuerungselemente dezentrale Budgetverantwortung, KLR, produktorientierter Haushalt und Controlling betont; eine flächendeckende Umsetzung ist weiterhin nicht vorgesehen.

Insgesamt zeigt eine aktuelle Analyse der Jahresberichte der Landesrechnungshöfe von 2001 bis 2010 (vgl. Geißler 2012) gerade für die Flächenländer nach wie vor erhebliche Umsetzungsdefizite. NSM-Instrumente fanden im untersuchten Zeitraum zwar häufig Erwähnung: allerdings in der Form, dass in einem Teil der Fälle ein Fehlen des jeweiligen Instrumentes festgestellt wurde (in knapp 45% der Nennungen), während der andere Teil Defizite in der Anwendung bemängelte (bei knapp einem Drittel). Beides lässt auf eine noch relativ geringe Verankerung der Neuen Steuerung sowie einen deutlichen Entwicklungsbedarf schließen. Auch Proeller und Siegel (2009, S. 478) bewerten den Status der Umsetzung von Performance-Orientierung auf der deutschen Länderebene als „zurückhaltend".

Zwar zielt der Einsatz von Performance-Management-Instrumenten zumeist stärker auf Effizienzsteigerungen und Einsparungen denn auf höhere Effektivität und bessere Steuerung der Verwaltungseinheiten ab, allerdings bleibt der Erfolg auch in diesem Bereich zweifelhaft: Rechnungshofkontrollen erheben insbesondere den Vorwurf einer unwirtschaftlichen Umsetzung (vgl. Holtkamp 2008b), weil die Instrumente einerseits selbst hohe Reform- und Transaktionskosten verursachen, andererseits aber ohne Steuerungswirkung bleiben und oft nur „Zahlenfriedhöfe" (Bayerischer Oberster Rechnungshof 2006, S. 44) produzieren. Der notwendige Schritt, Produkte und Kennzahlen nicht nur zur Budgetplanung, sondern auch systematisch zur ergebnisorientierten Steuerung zu verwenden, wurde nur in wenigen Ländern gegangen.[3]

Eine im Jahr 2011 durchgeführte anonymisierte Befragung der Finanzministerien der Länder bestätigt die erst relativ schwache Institutionalisierung der Performance-Orientierung in der Verwaltungspraxis der meisten Länder (vgl. Institut für den öffentlichen Sektor 2012). So werden mit Ausnahme von zwei Ländern weiterhin Titel als zentrale Planungsobjekte bei der Haushaltsaufstellung gesehen; nichtfinanzielle Kennzahlen und Ziele werden bisher kaum in den rechtlich verbindlichen Teil des Haushalts aufgenommen. Strategische Steuerungssysteme in Form von Zielen, Aufgaben- und Produktfeldplanungen sind lediglich in drei Ländern vorhanden (in drei weiteren geplant) und ein formales ressortinternes Berichtswesen existiert erst in sechs Ländern (in weiteren zwei in Planung).

6.1.2 Reformen des Rechnungswesens

Reformbestrebungen im Rechnungswesen nahmen auf kommunaler Ebene ihren Anfang[4] und mündeten auch auf Länderebene im Gedanken, das ka-

---

3 Dies deckt sich mit ähnlichen Befunden auf der kommunalen Ebene (z.B. Bogumil et al. 2007; Städtetag/pwc 2011; Bogumil et al. 2011), die ebenfalls vielfach noch fehlende Steuerungswirkungen – insbesondere auf der politischen Ebene – und erhebliche Transaktionskosten solcher Reformen bestätigen.

4 Die kommunale Haushaltsreform in Richtung einer doppischen Rechnungslegung wurde über die Innenministerkonferenz (IMK) seit 1994 in Form von Beschlüssen, Arbeitsgruppen und Regelwerken zwischen den Ländern koordiniert und gemeinsam verfolgt. Auf Basis eines wegweisenden Beschlusses der IMK im Jahr 2003, der die Reform des Gemeindehaushaltsrechts von einem zahlungsorientierten zu einem ressourcenorientierten Haushalts- und Rechnungswesen festhält, wurden die Kommunen zum Vorreiter bei der Erneuerung im föderalen System Deutschlands. Als erstes Bundesland hat Nordrhein-Westfalen mit dem Kommunalen Finanzmanagementgesetz NRW im Jahr 2004 eine ab 2009 geltende, verpflichtende Anwendung der doppischen Rechnungslegung für die kommunale

merale Rechnungswesen zu Gunsten der Doppik abzulösen (vgl. Berens et al. 2007; Bertelsmann Stiftung/KGSt 2009). Da keine föderal übergreifende Koordinierungsstruktur existierte, wurden die Reformen nur von wenigen Ländern, im Wesentlichen Hamburg (vgl. Box 17) und Hessen (vgl. Box 18), vorangetrieben. Als reformbremsendes Element kam hinzu, dass bis zum HGrGMoG 2009 die Doppik lediglich im Parallelbetrieb zur Kameralistik zulässig war und dementsprechend aufwändig und unattraktiv erschien.

Box 17: Einführung der Doppik in Hamburg

Aufbauend auf eine Aufforderung der Bürgerschaft an den Senat Ende 2002, „ein Konzept zur Einführung eines an kaufmännischen Regeln orientierten Rechnungswesens zu entwickeln", wurde im Jahr 2003 das Projekt „Doppik" begonnen. Bis 2006 erfolgte der Aufbau einer Anlagenbuchhaltung sowie die Erfassung und Bewertung von Vermögen und Schulden. 2007 legte Hamburg als erstes Bundesland einen doppischen Jahresabschluss für die Kernverwaltung vor. Ende 2008 erfolgte die Vorlage der ersten Konzernbilanz und Anfang 2010 des ersten Konzernabschlusses. Das 2006 gegründete Projekt NHH (Neues Haushaltswesen Hamburg) sieht die Doppik umfassend für Haushaltsplanung, -steuerung und -bewirtschaftung vor. Die vollständige Umstellung in Planung und Bewirtschaftung – einschließlich „Accrual Budgeting" – ist bis 2014 vorgesehen.

Seit 2009 ist die Doppik als alleiniger Rechnungsstil der Länder zulässig. Das Modell folgt grundsätzlich den Regelungen des HGB und wird von einem neu gegründeten Gremium zur Standardisierung des staatlichen Rechnungswesens koordiniert. Gleichzeitig bietet das HGrGMoG für die Länder ein Optionsmodell, das eine Wahl zwischen Kameralistik, erweiterter Kameralistik, Doppik oder auch Mischformen aus diesen Systemen

---

Ebene festgelegt. Ein Planungsüberblick der KGSt zeigt, dass bis 2012 die Doppik auf kommunaler Ebene in der Mehrheit der Bundesländer bereits umgesetzt (Brandenburg, Bremen, Hamburg, Hessen, Mecklenburg-Vorpommern, Niedersachsen, NRW, Rheinland-Pfalz, Saarland) bzw. die Umstellung für die nächsten Jahre vorgesehen ist (Baden-Württemberg, Sachsen, Sachsen-Anhalt). Drei Länder (Bayern, Schleswig-Holstein, Thüringen) sehen eine Optionslösung zwischen Doppik und (erweiterter) Kameralistik vor, während für Berlin – trotz weitreichender Änderungen im Budgetierungssystem (vgl. Box 15) – ein entsprechender Beschluss noch aussteht.

zulässt. Damit existiert in Deutschland auch auf Länderebene kein einheitliches Rechnungswesen mehr, was die Gefahr birgt, dass die Länder im Detail unterschiedliche Regelungen treffen und die Unübersichtlichkeit des öffentlichen Haushaltsrechts, ähnlich wie auf kommunaler Ebene, weiter zunimmt (vgl. kritisch dazu Budäus/Hilgers 2009a).

*Box 18: Einführung der Doppik in Hessen**

Elf Jahre nach dem Grundsatzbeschluss zur Umstellung des Rechnungswesens auf Doppik im Jahr 1998 legte Hessen 2009 als erstes Flächenland eine Eröffnungsbilanz und 2010 einen Geschäftsbericht sowie Gesamtabschluss für die gesamte Verwaltung mit rund 150.000 Mitarbeitern vor. Planung, Haushaltsvollzug und Rechnungsvollzug auf doppischer Basis sollen für die Sicherstellung der nachhaltigen Leistungsfähigkeit der Verwaltung, die Wahrung der intergenerativen Gerechtigkeit und die Bereitstellung aussagekräftiger Informationen sorgen.

* Nähere Informationen zur Konzeption sowie für Haushalt und Abschluss unter: http://www.hmdf.hessen.de/irj/HMdF_Internet?cid=5f3643767551615eb63abf97a851da8b (zuletzt aufgesucht am 30.09.2012)

Eine doppische Rechnungslegung ist zum gegenwärtigen Zeitpunkt lediglich von den Ländern Bremen, Hamburg und Hessen umgesetzt sowie für NRW beschlossen. Hamburg als einer der Treiber der Haushaltsreform arbeitet seit 2003 an der Umsetzung der Doppik und hat die Umstellung bereits erfolgreich abgeschlossen (vgl. Box 17). 2009 wurden erste Haushaltspläne auf Basis der Doppik beschlossen und später schrittweise ausgeweitet. Hamburg ist damit das einzige Land, in dem die Budgetierung bereits auf Basis der Doppik erfolgt und das somit „Accrual Budgeting" (vgl. Kap. 2.3.) umsetzt. Bremen beschloss ebenfalls 2003 die Umstellung des Rechnungswesens und legte 2010 die Eröffnungsbilanz vor.

Unter den Flächenländern hat Hessen eine Vorreiterrolle eingenommen. Die Neue Verwaltungssteuerung (NVS) wurde von Anbeginn „alternativlos" auf die Grundlage des doppischen Rechnungswesens gestellt (vgl. Box 18). Andere im Bereich der Neuen Steuerung aktive Länder wie Baden-Württemberg und Berlin präferieren, ebenso wie die Mehrheit der Länder gesamt, eine erweiterte Kameralistik. Vier Länder (Bayern, Saarland, Sachsen-Anhalt und Thüringen) bekannten sich 2008 explizit zur Fortsetzung der reinen Kameralistik (vgl. Budäus/Hilgers 2009b). Eine abschließende Beurteilung des Standes der Rechnungssysteme auf Länderebene ist allerdings schwierig, da die tatsächliche Umstellung in den meisten Fällen noch im Gange ist.

Im Gegensatz zu den Ländern lässt sich auf kommunaler Ebene ein klarer Systemwechsel beobachten, da die Doppik bis 2015 voraussichtlich in 80% der deutschen Städte im Einsatz sein wird. Beobachter orten darin einen erheblichen Umstellungsdruck auf die Länder, da nur schwer nachvollziehbar sei, warum Bundesländer ihren Kommunen einen Systemwechsel vorschreiben, mit dem eigenen Haushalts- und Rechnungswesen aber weiterhin kameralistisch bleiben (vgl. Städtebund/pwc 2011). Kritisch gesehen wird in Hinblick auf diese Entwicklungen vor allem, dass die Kernbereiche der Reformen zwischen den Ländern nur wenig abgestimmt sind und in der Umsetzungspraxis eine hohe Heterogenität der gesetzlichen Regelungen (etwa in Hinblick auf Bewertungsvorschriften für Vermögen und Nutzungs-/Abschreibungsdauern) zu beobachten ist (vgl. Mühlenkamp/Glöckner 2009), wodurch die Vergleichbarkeit deutlich eingeschränkt wird und „whole-of-government"-Lösungen nicht in Reichweite scheinen.

6.1.3 Ansätze fiskalischer Nachhaltigkeit

Das Thema fiskalische Nachhaltigkeit hat in den letzten Jahren auch auf Länderebene stark an Relevanz gewonnen. Neben einem stetig steigenden Schuldenstand der Länder – Ende 2010 bereits fast 600 Mrd. € (vgl. Brügelmann et al. 2011) – steigt der Konsolidierungsdruck in den nächsten Jahren insbesondere aus zwei Gründen: Zum einen verbietet die 2009 in das Grundgesetz (Artikel 109 Absatz 3) aufgenommene Schuldenbremse (siehe Kap. 3.1 sowie Box 4) den Ländern ab 2020 jegliche Neuverschuldung bzw. Nettokreditaufnahme (Ausnahmen gelten im Falle von Naturkatastrophen und aus konjunkturellen Gründen). Bis dahin müssen die Länder mit Hilfe von Konsolidierungsmaßnahmen die Haushaltsdefizite abbauen, wobei die Konsolidierungsnotwendigkeit zur Einhaltung der Schuldenbremse auf durchschnittlich 24,9% der Gesamtausgaben geschätzt wird, individuell aber zwischen 18,3% und 40,8% variiert (vgl. Brügelmann et al. 2011). Zum anderen werden die in den vergangenen Jahrzehnten angesammelten Versorgungsansprüche der Beamten zunehmend zahlungswirksam (vgl. Besendorfer et al. 2005) und sind in Zukunft zu finanzieren. Das Problem der Pensionslasten trifft vornehmlich die alten Bundesländer. So musste beispielsweise Niedersachsen im Jahr 2008 rund 15% seiner bereinigten Steuereinnahmen für die Beamtenversorgung aufwenden. Schätzungen zufolge wird sich hier das Volumen der Beamtenversorgung bis 2026 noch einmal verdoppeln (vgl. Raffelhüschen et al.

2009, S. 23ff.). Die meisten Bundesländer haben in den letzten Jahren zwar eigene Versorgungsfonds eingerichtet, diese wirken jedoch nur äußerst langfristig und sind im Rückstellungspotential unzureichend.

Zentraler Ansatz zur Sicherung der fiskalischen Nachhaltigkeit sind die im Rahmen der Schuldenbremse neu in das Grundgesetz eingefügten quantitativen Verschuldungsgrenzen, Konsolidierungshilfen und Sanierungsverfahren. Zur Überwachung der Haushalte von Bund und Ländern wurde ein Frühwarnsystem etabliert, in dem ein neu eingerichteter Stabilitätsrat zukünftig die Entwicklung der öffentlichen Finanzen beobachtet und anhand eines Kennzahlensystems über möglicherweise drohende Haushaltsnotlagen befindet. Es bleibt abzuwarten, inwieweit diese Regeln angesichts steigender Konsolidierungsbedarfe und demzufolge wachsender politischer Widerstände durchgesetzt werden können.

Das Grundgesetz lässt den Ländern bei der Umsetzung der Schuldenbremse wesentlich mehr Freiheiten als dem Bund. Während Artikel 115 Grundgesetz für den Bund die Einrichtung eines Kontrollkontos vorsieht, müssen die Länder selbst Regelungen erlassen, die eine symmetrische Berücksichtigung der Abweichungen von der Normalsituation gewährleisten. Gelingt es den Ländern nicht, die jährliche Neuverschuldung bis zum Jahr 2020 auf null zu reduzieren, provozieren sie einen Verfassungsbruch bzw. können Konsolidierungshilfen aus dem Finanzausgleich ausgesetzt werden.

Rheinland-Pfalz und Thüringen haben bereits eigene Schuldenbremsen in der Landesverfassung verankert, während Sachsen-Anhalt die Schuldenbremse in der Haushaltsordnung verankert hat. Einige Länder haben fiskalische Regeln bezüglich der Kreditermächtigungen in ihre Landeshaushaltsordnungen aufgenommen. So unterliegen Sachsen-Anhalt, Sachsen, Baden-Württemberg und Thüringen der Vorgabe, aufgenommene Kredite binnen fünf Jahren netto zu tilgen.

Ein Ausbau und eine stärkere Verbindlichkeit der mittelfristigen Planung, Ausgabenrahmen sowie eine Top-down-Budgetierung stellen weitere Ansätze zur Sicherstellung der fiskalischen Nachhaltigkeit dar (vgl. dazu Kap. 3.1 sowie 3.2). Auch wenn seit 1969 eine fünfjährige Finanzplanung in § 50 des Haushaltsgrundsätzegesetzes für Bund und Länder festgehalten ist, hat diese zumeist keinen allzu hohen Stellenwert und Verbindlichkeitsgrad. So laufen aktuelle Empfehlungen in Richtung einer Stärkung der mittelfristigen Finanzplanung mit verbindlichen Ausgabenobergrenzen und im Gegenzug mehr Flexibilität innerhalb der von Regierung und Parlament gesetzten Ausgabenparameter (Busemeyer/Wintermann 2011).

Da der deutsche Haushaltsprozess traditionell stark Bottom-up konzipiert und daher anfällig für Ausgabenautomatismen und Inkrementalismus ist (Busemeyer/Wintermann 2011), wird eine Verbesserung der Haushaltslage hin zu einem Top-down-orientierten Verfahren als wichtig erachtet (zum Bund vgl. Box 4). Ähnliche Verfahren sind auch auf Länderebene in Baden-Württemberg, Berlin, Bremen, Hamburg, Sachsen-Anhalt und Schleswig-Holstein in Umsetzung. In Berlin erfolgt die Budgeterstellung etwa in Form eines Eckwertebeschlusses des Senats, basierend auf der mittelfristigen Finanzplanung. Darauf aufbauend erfolgt eine dezentrale Planung der Aufgaben und Zusammenfassung der Titelbudgets, deren Anpassung an Eckwerte sowie die Prioritätensetzung durch den Senat.

Unzulänglichkeiten des kameralen Systems werden vielfach als Erklärungsgröße für die zunehmende Überschuldung der Gebietskörperschaften gesehen, und folglich wird ein doppisches Rechnungssystem als wesentliche Maßnahme zur Gewährleistung fiskalischer Nachhaltigkeit bzw. intergenerativer Gerechtigkeit eingefordert (vgl. Bertelsmann Stiftung/KGSt 2009; Schwarting 2009). Insbesondere die Intransparenz weitgehend verselbständigter Schattenhaushalte (vor allem durch Ausgliederungen) und die unzulängliche Berücksichtigung des tatsächlichen Ressourcenverbrauchs (vor allem bei Pensionsverpflichtungen) werden als systemimmanente Defizite der Kameralistik gesehen.

Die Finanzministerien bestätigen im Rahmen der 2011 durchgeführten Befragung (vgl. Fußnote 1), dass die bisherigen Reformen des Haushaltswesens deutlich vom Ziel der Haushaltskonsolidierung geprägt waren. 92% der antwortenden Länder bezeichnen die Haushaltskonsolidierung als explizites Ziel der Haushaltsmodernisierung. Gleichzeitig wird klar, dass solche Reformen aus Sicht der befragten Finanzministerien weniger eine Voraussetzung für eine nachhaltige Haushaltskonsolidierung sind (von zwei Ländern bestätigt) als vielmehr diese unterstützen können (von zehn Ländern bestätigt).

Deutlich wichtiger für die Haushaltskonsolidierung bzw. fiskalische Nachhaltigkeit scheinen somit weitere, über die Neue Steuerung und Doppik hinausgehende Reformen zu sein. Modernisierungen im Haushaltswesen haben den Charakter von Strukturmaßnahmen, mit denen Transparenz hergestellt wird und die öffentliche Leistungserbringung über verbesserte Instrumente, Prozesse und Strukturen optimiert werden kann.

6.1.4 Gesamtbeurteilung aus Sicht der Länder

Eine Führungskräftebefragung auf Bundes- und Länderebene ergab ein insgesamt ambivalentes Bild der bisherigen Umsetzungserfahrungen mit zentralen Reformen (vgl. Hammerschmid et al. 2010a). So wird der Haushaltsreform im Vergleich zu anderen Reformansätzen zwar ein vergleichsweise hoher Nutzen in Hinblick auf eine verbesserte Verwaltungsführung zugesprochen (Ø 4,1 auf einer 6-stufigen Skala); die konkreten Ansätze bzw. Instrumente wie Controlling, Kontrakte oder leistungsorientierte Budgetierung werden allerdings relativ kritisch beurteilt (vgl. Abb. 12). Für zentrale Instrumente der Haushaltsreform wie Produktsteuerung, KLR und vor allem die Doppik wird der Nutzen für die Verwaltungsführung bisher nur sehr eingeschränkt gesehen.

Abb. 12: Nutzen ausgewählter Instrumente/Ansätze der Verwaltungsmodernisierung aus Sicht der Führungskräfte auf Bund- und Länderebene

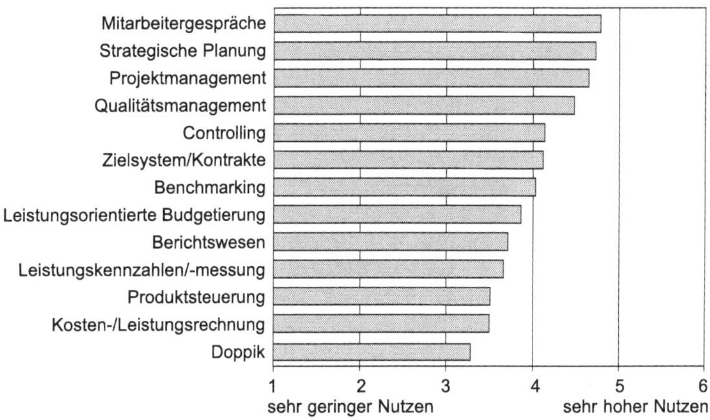

(n=316-327) (adaptiert aus Hammerschmid et al. 2010a)

Trotz der starken Heterogenität der Umsetzung von Verwaltungs- und Haushaltsreformen fällt auf, dass die Reformen auf Länderebene durch sehr ähnliche Zielsetzungen gekennzeichnet sind (vgl. Institut für den öffentlichen Sektor 2012 sowie Fußnote 1). Nahezu alle befragten Finanzministerien bezeichnen die Verbesserung der Informationsgrundlage für politische Entscheidungen (93%), für die Verwaltungssteuerung (86%) sowie die Unterstützung nachhaltiger Haushaltskonsolidierung (93%) als zentrale Ziele der Haushaltsmodernisierung.

Als maßgeblicher Treiber wird das Finanzministerium (100%) und deutlich weniger die politische Ebene (Landesregierung 64%, Landtag 43%) gesehen. Die Federführung liegt ausschließlich in der Hand der Finanzministerien, die zur fachlichen Unterstützung vor allem Haushaltsreferate der Fachressorts und nur in wenigen Ländern den Landtag einbinden. Die Reformen sind stark rechtlich verankert und haben einen deutlichen IT-Bezug. In acht Ländern wurde ein neues integriertes IT-System für sämtliche Bereiche eingeführt, und auch in fast allen anderen Ländern fanden Veränderungen bei den IT-Systemen statt.

Reformen der Haushaltsmodernisierung sind in der Regel sehr langfristig (fünf bis zehn Jahre) angelegt. Eine zunehmende Verwendung performance-orientierter Daten in der Verwaltung, aber auch auf politischer Ebene, eine verbesserte IT-Unterstützung bei der Budgetplanung, erhöhte Informationsqualität beim Prozess der Haushaltsaufstellung sowie ein verbesserter Ressourcenansatz werden vielfach als Nutzen der Reformen genannt. Umgekehrt berichtet keines der Länder von einer Vereinfachung der Haushaltsaufstellung oder von zeitlichen Verkürzungen des Aufstellungsprozesses.

Insgesamt zeigt sich eine vorsichtig positive Gesamtbeurteilung durch die Finanzministerien der Länder: Zwölf von 14 bezeichnen den Ansatz des Modernisierungsvorhabens als sinnvoll. In einer offenen Frage nach den kritischen Erfolgsfaktoren der Haushaltsmodernisierung wurden vorrangig die Unterstützung durch die oberste Führungsebene und die Politik, ein schlüssiges, integriertes Gesamtkonzept sowie die starke Relevanz der Informationen für Entscheidungs- und Steuerungsprozesse genannt. Als weitere Aspekte wurden eine stärkere Einbindung der Führungskräfte, ein realistischer und schlanker Ansatz, gute technische Unterstützung, Akzeptanzmanagement sowie Qualifizierungsmaßnahmen angeführt – alles Aspekte, die in der Literatur unter dem Begriff Change Management betont werden und auf die Notwendigkeit einer Konzeption der Haushaltsmodernisierung als breiten Veränderungsprozess hindeuten.

6.2 Reformdynamik auf Länderebene in Österreich

Auch in Österreich finden sich auf Länderebene zahlreiche Elemente von Performance-Orientierung bzw. ergebnisorientierter Steuerung. Geprägt war der innerösterreichische Reformdiskurs bislang vor allem von den Bundesländern Wien und Oberösterreich, wobei sich insbesondere Oberösterreich mit der Wirkungsorientierten Verwaltungsführung 2015 (abgelöst von WOV 2021) ambitionierte Ziele in Richtung umfassendes Performance Management setzte und seit 2003 einem langfristig ausgerichteten „Management- und Unternehmenskonzept" folgt. WOV 2021 umfasst sieben Entwicklungsfelder, welche anhand von Kern- und Richtungsaussagen konkretisiert werden und den zwei großen Themenfeldern „Außenverhältnis" und „Innenverhältnis" unterzuordnen sind. Das

Außenverhältnis fokussiert auf Qualität und Wirkung für den Bürger, während im Innenverhältnis Wirtschaftlichkeit und Sparsamkeit im Sinne einer modernen Organisationsführung zielgebend sind.

Um betriebswirtschaftliche Daten systematisch aufbereiten zu können, wurden neben einem Produktkatalog eine KLR, Leistungsvereinbarungen, systematische Leistungserfassungen sowie ein Controlling-Leitbild eingeführt, das die grundlegenden Ziele des Verwaltungshandelns festschreibt und vorgibt, welche Steuerungsgrößen in den betriebswirtschaftlichen Instrumentarien abzubilden sind. Im Bereich der gemeinsamen Ergebnis- und Ressourcenverantwortung bewegt sich das Land Oberösterreich in Richtung Globalbudgets: flexibilisierte Formen der Budgetverwaltung (insbesondere erhöhte Beweglichkeit) und Budgetierung (Produktgruppenbudgets) wurden bereits in Pilotprojekten (im Rahmen einer „Flexibilisierungsklausel“ im Land[5]; zur Flexibilisierungsklausel des Bundes vgl. Kap. 5.3) erprobt (vgl. Gruber et al. 2011).

In Wien wird die Kameralistik seit 2002 durch eine Reihe von Managementinstrumenten ergänzt (vgl. Hechtner 2011). Neben Geschäftsgruppen-Globalbudgets (Details in Huemer 2010) werden hier u.a. Controllinginstrumente (insbesondere die Balanced Scorecard), KLR, interne Leistungsverrechnung, Gender Budgeting, Qualitätsmanagement und Kontraktmanagement (zwischen Politik und Verwaltung) eingesetzt (siehe dazu auch Hammerschmid/Egger-Peitler 2008).

Das Land Vorarlberg setzt neben Leistungsvereinbarungen, Wirkungsanalysen und einem umfassenden Berichtswesen auch auf die KLR und gilt im österreichischen Bundesländervergleich als eines der ersten Länder, das sich mit der Einführung einer KLR befasst hat. Auch wenn die weiteren österreichischen Bundesländer die Notwendigkeit der KLR grundsätzlich erkannt haben, gibt es in der Realisierung doch merkliche Unterschiede: in der Regel findet sich eine Vollkostenrechung auf Ist-Kostenbasis (beispielsweise Kärnten, Oberösterreich, Tirol); für Teilbereiche existiert auch eine Kostenrechnung auf Basis von Norm-, Teil-, Plan- oder Prozesskosten (beispielsweise Salzburg, Niederösterreich) (vgl. Landes-Rechnungshof Vorarlberg 2008).

Entwicklungsgrad und Implementierungsgrad der KLR variieren zwischen den einzelnen österreichischen Bundesländern ebenso wie die Realisierung von Steuerungselementen wie Produktkataloge (beispielsweise Burgenland, Kärnten, Niederösterreich) oder Leistungsvereinbarungen

---

5 „Richtlinie für die Flexibilisierung der Gebarungsführung durch hiezu bestimmte Einrichtungen“ Beschluss der oö. Landesregierung vom 23. Juli 2001, Fin-010000/225.

(beispielsweise Kärnten, Salzburg). 2011 resümierte der österreichische Rechnungshof (2011b), dass es zwar viele Einzelinitiativen gebe, dass es aber grundsätzlich an durchgängigen Modellen fehle. Auch wenn in Österreich generell eine stärkere Performance-Orientierung wahrzunehmen ist, so fallen die österreichischen Länder ebenso wie die deutschen weitestgehend in die Kategorie „Performance Administration" (vgl. dazu Kap. 4.3). Auf dem Weg zu einem umfassenden Performance Management ließen sich insbesondere durch die Verfolgung durchgängiger Modelle und deren umfassenden Einsatz, flankiert von einem Zusammenwirken der Gebietskörperschaften und länderübergreifenden Lernkooperationen, Fortschritte erzielen (vgl. Rechnungshof 2011b).

Ein weiterer wichtiger Reformansatz ist die Weiterentwicklung des Rechnungswesens. In diesem Zusammenhang ermächtigt die österreichische Bundesverfassung die Länder und Gemeinden, ihren Haushalt selbständig zu führen, während das Finanzverfassungsgesetz (§ 16 F-VG) vorsieht, dass eine einheitliche Regelung hinsichtlich Form und Gliederung erfolgen kann, sofern dies zur Vereinheitlichung erforderlich ist. Eine solche einheitliche Regelung ist die Voranschlags- und Rechnungslegungsabschlussverordnung 1997 (VRV), der die Länder in ihrer Rechnungslegung folgen. Die konkreten Inhalte der Haushaltsführung, Rechnungsstil sowie das konkrete Vorgehen hinsichtlich der Erstellung des Voranschlags und der Rechnungsabschlüsse sind hingegen nicht durch die VRV geregelt, sondern fallen in die Kompetenz der Länder als Materiengesetzgeber (vgl. Huemer 2009; Mohr 2009).

Obwohl es sich bei der VRV um eine Bundesverordnung handelt, welche die Haushaltssystematik insbesondere in Hinblick auf Struktur und Informationsgehalt determiniert und derzufolge die Landeshaushalte einheitlichen Form- und Gliederungsvorschriften zu entsprechen haben, ist deren Vergleichbarkeit aufgrund unterschiedlicher Haushaltssystematiken, bedingt durch die Materiengesetzgebung der Länder, nur beschränkt gegeben.

Aufgrund der kameralen und inputorientierten Ausrichtung des Rechnungswesens wird nicht nur die Aussagekraft wesentlich beeinträchtigt, sondern insbesondere auch der fiskalischen Nachhaltigkeit zu wenig Relevanz beigemessen, so die Kritik (vgl. insbesondere Rechnungshof 2009; Staatsschuldenausschuss 2009; Biwald/Rossmann 2011). Die vielfach geäußerten Forderungen nach einer Abkehr von der Kameralistik und einer grundsätzlichen Harmonisierung wird von den österreichischen Ländern durchwegs kontroversiell diskutiert (vgl. Huemer 2009; Mohr 2009); ganzheitliche Ansätze zur Reform des Rechnungs- und Haushaltswesens wurden bisher nicht verfolgt.

Dennoch gibt es einige Ansätze zur Neugestaltung: Das Land Vorarlberg nutzt bereits seit über 50 Jahren ein doppisches Rechnungswesen mit kameralen Elementen (für weitere Details siehe Mohr 2009) und verfügt ebenso wie Oberösterreich oder Salzburg über eine Vermögensrechnung. Weitere Initiativen gehen dahin, das Rechnungswesen so zu führen, dass neben den „kameralen" auch „doppische" Konten bebucht werden können und eine Bewertung des Anlagevermögens möglich ist (Oberösterreich, Tirol, Steiermark, Kärnten). Das Land Wien hingegen steht der Doppik verhalten gegenüber, wobei primär die Problematik der Bewertung von Vermögen und Anlagen thematisiert wird (diesen Einwand erheben beispielsweise auch die Länder Burgenland und Salzburg). Aktuell versucht insbesondere die Steiermark einen integrierten Reformansatz umzusetzen und bekennt sich, anders als die meisten anderen Bundesländer, klar zur Doppik. Das 2011 beschlossene Reformpaket, dessen Umsetzung bis 2015 vorgesehen ist, sieht nicht nur die Einführung der Doppik, sondern auch die Einführung einer Wirkungsorientierung wie auch von Globalbudgets vor. Bis 2014 sollen Controllinginstrumente, die derzeit in einzelnen Bereichen erprobt werden, für den gesamten Landesdienst zur Verfügung stehen, und ab 2016 will das Land Steiermark jährlich Bilanz legen.[6]

Zusammenfassend zeigt sich, dass sich in Hinblick auf die Reform des Rechnungswesens ein weitreichendes Reformkonzept bzw. eine Strategie in Richtung Harmonisierung bislang nicht durchsetzen konnte. Obwohl der Rechnungshof gerade dieses gemeinsame Vorgehen aller Gebietskörperschaften, d.h. eine Harmonisierung der Rechnungslegungsvorschriften der Gebietskörperschaften auch insbesondere hinsichtlich einheitlicher Bewertungsmethoden und Kontenpläne fordert (vgl. Rechnungshof 2010), zeichnet sich vielmehr – ähnlich wie in Deutschland – ab, dass „in dieser Phase der schleichenden Entwicklung zu Mischformen die Vielfalt im Haushaltswesen nicht kleiner, sondern größer wird" (Mohr 2009, S. 167).

In Hinblick auf den dritten Reformbereich, die fiskalische Nachhaltigkeit, gilt die Lissabon-Strategie für Wachstum und Beschäftigung (2000 bis 2010; gefolgt von „Europa 2020") als gemeinsame Grundlage der EU-Mitgliedstaaten. Die korrespondierenden nationalen Reformprogramme Österreichs (für die Perioden 2005-2007 wie auch 2008-2010) beinhalteten als erste Reformpriorität die „Nachhaltigkeit der öffentlichen Finanzen" (zur Nachhaltigkeit als Ziel der Haushaltsmodernisierung siehe Kap. 2.2 und 3.1). Dabei orientierte sich Österreich an der Strategie der EU, die

6 Zum aktuellen Zeitpunkt wird das Reformpaket noch konkretisiert, weiterführende Details stehen daher nicht zur Verfügung.

einen ausgeglichenen Haushalt über den Konjunkturzyklus, eine langfristige Absicherung der Gesundheits-, Pensions-, Bildungs- und Pflegesysteme sowie eine Erhöhung der Beschäftigungsquoten und Produktivitätsfortschritte vorsieht.

Das nationale Reformprogramm betonte vor diesem Hintergrund insbesondere die gemeinsame Budgetverantwortung aller Gebietskörperschaften gemäß dem innerösterreichischen Stabilitätspakt (vgl. Bundeskanzleramt 2009). Das Burgenland wie auch Kärnten und die Steiermark sind landesgesetzlich zur Durchführung einer mittelfristigen Haushaltsplanung angehalten, das Landeshaushaltsgesetz in Salzburg beschränkt die Höhe der Finanzschulden im Sinne einer Schuldenbremse. Die anderen Bundesländer agieren diesbezüglich ohne expliziten gesetzlichen Auftrag in Planungshorizonten von vier bis fünf Jahren (teils rollierend, teils am Beginn der Legislaturperiode) (vgl. Rechnungshof 2011a).

Mit der Reform des Bundeshaushaltsrechts (Erweiterung Art. 13 Abs. 2 B-VG seit 1. Jänner 2009) haben Länder und Gemeinden in ihrer Haushaltsführung das verbindliche Ziel zu verfolgen, nicht nur für ein gesamtwirtschaftliches Gleichgewicht zu sorgen, sondern sich auch hinsichtlich nachhaltig geordneter Haushalte zu koordinieren. Im Mai 2012 einigten sich Bund, Länder und Gemeinden auf einen unbefristeten Stabilitätspakt, welcher ein gesamtstaatliches Nulldefizit bis 2016 zum Ziel hat. Ab 2017 sieht der Pakt dann die Einhaltung eines gesamtstaatlichen strukturellen Defizits vor, das 0,45% des BIP nicht überschreiten darf (auf Länder und Gemeinden entfällt ein Anteil von 0,1%).

Dennoch bleibt die erst kürzlich geäußerte Kritik des Rechnungshofs (2011a, b), der (ähnlich wie auch für die Rechnungslegung) von einer unzureichenden Koordination der Haushaltsplanung von Bund, Ländern und Gemeinden spricht, hochaktuell. Darüber hinaus bemängeln Rechnungshof sowie Staatsschuldenausschuss, dass der Informationsgehalt der Landesvoranschläge und -rechnungsabschlüsse nicht den gestellten Steuerungs- und Kontrollanforderungen entspricht, da vergleichbare Informationen, die ein konsistentes Bild über die Finanzen des Gesamtstaates ermöglichen würden, aufgrund der Unterschiedlichkeiten der Haushaltssystematiken nicht verfügbar sind (vgl. Staatsschuldenausschuss 2009; Biwald/Rossmann 2011; Rechnungshof 2011a).

Gesamthaft lässt sich, ähnlich wie im Bereich der Reform des Rechnungswesens, auch in Hinblick auf die fiskalische Nachhaltigkeit eine mangelnde Koordination der österreichischen Länder (‚horizontal wie auch vertikal mit dem Bund) beobachten; nicht zuletzt als Resultat der Dynamik der föderalen Struktur. Auch wenn sich in allen drei Reformbereichen durchaus bemerkenswerte Ansätze finden, zeigen sich die

Reformbestrebungen durchwegs heterogen und keinem umfassenden Ansatz folgend. Den Steuerungs- und Kontrollanforderungen kann vor diesem Hintergrund nur eingeschränkt entsprochen werden. Insbesondere die praktischen Auswirkungen im Sinne einer steuerungsunterstützenden Nutzung von Performance-Daten scheinen noch deutlich ausbaufähig zu sein.

6.3 Reformdynamik auf Ebene der Schweizer Kantone ■

In der Schweiz gilt die Wirkungsorientierte Verwaltungsführung (WoV) als Grundlage für eine Leistungssteuerung, welche auf Basis von Leistungsbudgets und korrespondierenden, meist mehrjährigen, Leistungsaufträgen, Produkten sowie Leistungs- und Wirkungsindikatoren erfolgt.[7] In neun Kantonen, vornehmlich den großen Deutschschweizer Kantonen, werden diese Instrumente zudem von einem von der jeweiligen Kantonsregierung verabschiedeten Legislaturplan (auf vier Jahre) und einem jährlich zu erstellenden, mehrjährig rollierenden Integrierten Aufgaben- und Finanzplan (IAFP) flankiert, der die Verknüpfung zwischen der Leistungs- und der Finanzperspektive darstellt, also eine Ausprägung des Performance-Budgets (vgl. Schedler/Summermatter 2009 sowie Kap. 4.2). Der IAFP bietet die kombinierte Darstellung von kantonalen Leistungen und deren Kosten unter Abbildung der politischen Schwerpunkte mit dem Ziel einer langfristigen Orientierung. Legislaturplan und IAFP sind lediglich lose gekoppelt, was Anpassungen im IAFP möglich macht. Dadurch bietet der IAFP in seiner Umsetzungsplanung eine Konkretisierung politischer Schwerpunkte für die gesamte Legislaturperiode von vier Jahren, bindet die Regierung aber immer nur für das kommende Budgetjahr. Damit wird ein gewisses Maß an Flexibilität gewährleistet, was auch die Berücksichtigung einer politischen Neuausrichtung ermöglicht. Ziel des IAFP ist die Ausrichtung der Aufmerksamkeit an künftigen Herausforderungen und Entwicklungen in den jeweiligen Aufgabenbereichen.

Der IAFP ist ein mittelfristiges Planungsinstrument, das im Sinne der Performance-Orientierung eine taugliche Verknüpfung zwischen Leistungs- und Finanzperspektive ermöglicht. In der konkreten inhaltlichen Ausgestaltung zeigt sich jedoch das für föderale Systeme übliche Bild: Unterschiedliche lokale Rahmenbedingungen und Akteure führen zu individuellen Varianten der IAFP in den schweizerischen Kantonen. Als gemeinsamer Nenner bleibt lediglich die Vier-Jahres-Ausrichtung. Da die

---

7 Auf Bundesebene wird das FLAG-Konzept praktiziert (vgl. dazu Kapitel 5.2).

Erarbeitung eines IAFP als vergleichsweise junges Instrument im Rahmen der umfassenden WoV-Reformwelle gilt, zeigt sich die Schweizer Kantonslandschaft nicht nur was die inhaltliche Gestaltung der IAFP anlangt, sondern auch hinsichtlich Umsetzung noch sehr heterogen.

Während der Kanton Luzern bereits im Jahr 2000 den „Konsolidierten Entwicklungs- und Finanzplan" einführte, plant beispielsweise der Kanton Graubünden die Einführung eines IAFP erst für das Jahr 2013. Zuletzt entschied sich der Kanton St. Gallen, mit der Einführung des IAFP 2011 eine verbesserte Grundlage für die Planung und Steuerung der Staatstätigkeiten zu schaffen. Als Ziele des IAFP gelten (vgl. Kantonsrat St. Gallen 2011, S. 5):

- konsolidierte Zusammenstellung der zentralen Planungsgrundlagen für die mittelfristige Planung und Steuerung von Aufgaben und Finanzen;
- übersichtliche Darstellung der mutmaßlichen finanziellen Veränderungen in den kommenden Jahren;
- Schaffung der notwendigen Grundlagen für mittelfristig orientierte finanzpolitische Entscheide und Vorgaben.
- Konkret sind folgende Elemente enthalten (Kantonsrat St. Gallen 2011, S. 5):
- für die bestehenden Staatsaufgaben Ertrag und Aufwand der laufenden Rechnung sowie Einnahmen und Ausgaben der Investitionsrechnung;
- die Gesetzesvorhaben und ihre Folgen für die laufende Rechnung und die Investitionsrechnung;
- die Vorhaben von großer finanzieller Tragweite und ihre Folgen für die laufende Rechnung und die Investitionsrechnung.

Evaluierungen zeigen, dass sich der Steuerungsfokus in den Schweizer Kantonen durch den Einsatz von Leistungsbudgets, Produkten und Leistungs- und Wirkungsindikatoren zwar deutlich zugunsten einer stärkeren Wirkungsorientierung verschoben hat, allerdings mit nach wie vor kurzfristiger Ausrichtung, sodass einer mittelfristigen Steuerungsperspektive noch kaum entsprochen wird (vgl. Schedler/Summermatter 2009).

Hinsichtlich des zweiten zentralen Reformbereichs, dem Rechnungswesen, folgt die Rechnungslegung der Schweizer Kantone seit 1981 dem „Harmonisierten Rechnungsmodell" (HRM), das zwar lange Zeit zu einer formellen, nicht aber zu einer materiellen Harmonisierung führte. So wiesen die Rechnungsabschlüsse der einzelnen Schweizer Kantone unter dem HRM1-Regime große Unterschiede auf und waren folglich nur bedingt vergleichbar. NPM-Reformen führten zusätzlich zu einer zunehmenden

Individualisierung des Rechnungswesens der Kantone (unterschiedliche Ausprägung der Anwendung von, Anbindung an oder Anlehnung an IPSAS).

Die 2008 von der Konferenz der kantonalen Finanzdirektoren beschlossene Umstellung auf HRM2 erfolgt nun Schweiz-weit. Damit wird, in Anlehnung an das Neue Rechnungsmodell des Bundes (NRM) sowie die auf der Doppik basierenden IPSAS-Normen, die Rechnungslegung der Kantone und Gemeinden vereinheitlicht. Die Angleichung an das privatwirtschaftliche Rechnungswesen soll eine tatsächliche Abbildung der Finanzlage der Gebietskörperschaften gewährleisten. Da die Umstellung auf Basis von Fachempfehlungen erfolgt, welche gewisse Spielräume zur Abbildung von Besonderheiten der einzelnen Gebietskörperschaften zulassen, beobachtet ein „Rechnungslegungsgremium“[8] die Einhaltung dieser Fachempfehlungen, um zu große Heterogenität zu vermeiden. Während die Mehrheit der Schweizer Kantone die geplante Einführung von HRM2 bis Ende 2012 vorgenommen haben wird, erstreckt sich der zeitliche Horizont anderer Kantone (wie beispielsweise Aargau oder Bern) auf 2014 bzw. 2015. Eine Analyse hinsichtlich der Funktionalität von HRM2 und der Homogenität in der Umsetzung wird erst in einigen Jahren möglich sein.

In Hinblick auf die fiskalische Nachhaltigkeit wurden in der Schweiz bereits in den 1990er Jahren Regeln institutionalisiert, welche eine nachhaltige Finanzpolitik gewährleisten sollen. Die föderale Struktur der Schweiz und ein Finanzsystem, das sich durch hohe fiskalische Autonomie, insbesondere Steuerautonomie, der Kantone auszeichnet, bilden diesbezüglich besondere Voraussetzungen (vgl. Hausner/Simon 2009). Diesen Herausforderungen begegnet die Schweiz mit Schuldenbremsen, sowohl auf Bundes- wie auch auf Kantonsebene. Auf Bundesebene wurde im Jahr 2001 nach einer Volksabstimmung die Schuldenbremse im Verfassungsrang verankert, die 2003 in Kraft trat (vgl. Box 5). In den Kantonen wurden die ersten Schuldenbremsen Mitte der 1990er Jahre (St. Gallen, Freiburg, Solothurn, Basel-Stadt) nach Zustimmung der Stimmbürger eingeführt und dienen als eine Art „Prioritätensetzungsinstrument“. Die Schuldenbremsen der Kantone sind so gestaltet, dass die Stimmbürger in Ausgabenreferenden gleichzeitig über die Art der Ausgaben des Kantons und einer entsprechenden Anpassung der Einnahmen abstimmen (vgl. Kirchgässner 2011). Die Kantone können also ihre Ausgaben- und Steuerpolitik im Rahmen gewisser Grenzen – nämlich dem Grundsatz, dass eine Erhö-

8 Nähere Informationen unter: http://www.srs-cspcp.ch (zuletzt aufgesucht am 30. 09.2012).

hung der Ausgaben nur dann erfolgen darf, wenn diese durch zusätzliche Einnahmen abgedeckt werden können (ähnlich der US-amerikanischen „pay-as-you-go-rule“, vgl. Kap. 3.1) – autonom gestalten.

Aus einem föderalen Blickwinkel erscheint in diesem Zusammenhang auch die Reform des Finanzausgleichs von Relevanz. Die Schweiz musste erkennen, dass der Ausgleich zwischen ressourcenstarken und ressourcenarmen Kantonen (trotz großen administrativen Aufwands und erheblichen Ressourceneinsatzes) nur unzureichend erzielt werden konnte und dass gewisse Bedingungen (wie zweckgebundene Subventionen) zu Ineffizienzen führten. Dem Nachhaltigkeitskriterium wurde vor diesem Hintergrund eine „klar untergeordnete Bedeutung“ (EFD 2004) attestiert. Im Jahr 2008 trat daher eine Neugestaltung des Finanzausgleichs (NFA) in Kraft, begleitet von einer reformierten Aufgabenteilung zwischen Bund und Kantonen mit dem Ziel, die Effizienz zu verbessern, die finanzielle Eigenverantwortung der Kantone zu stärken und den aufgrund der Autonomie induzierten interkantonalen Steuerwettbewerb zu relativieren. Die Zusammenarbeit von Bund und Kantonen wird von Programmvereinbarungen flankiert, die gemeinsam vereinbarte Ziele beinhalten. Davon verspricht sich die Schweiz eine erhöhte Wirkungsorientierung wie auch einen effizienteren Mitteleinsatz (ein erster Wirkungsbericht dazu wurde 2010 vom Bundesrat verabschiedet).

Zusammenfassend ergeben die Reformbestrebungen der Schweiz ein sehr positives Bild, das auch von entsprechenden Evaluierungen (siehe etwa Lienhard et al. 2005) weitgehend bestätigt wird. So gilt aktuell nicht nur die Schweizer Schuldenbremse als europäisches Vorbild, auch in Hinblick auf ein reformiertes, gebietskörperschaftsübergreifend harmonisiertes Rechnungswesen oder den bisher beschrittenen Weg in Richtung umfassende Performance-Orientierung kann das Schweizer Modell durchaus überzeugen. Insbesondere scheint in der Schweiz die Koordination und Kooperation im Sinne eines konzertierten Vorgehens und einer Harmonisierung zu gelingen.

7 Abschließende Betrachtungen

Haushaltsmodernisierung ist kein Selbstzweck, sondern soll einen Beitrag zur effizienteren und effektiveren Leistungserbringung, zu Transparenz und Verantwortlichkeit sowie zur nachhaltigen Entwicklung von Haushalten leisten. Die Schalthebel in Form von Instrumenten, Prozessen und Strukturen sowie die Notwendigkeit einer umfassenden und integrierten Betrachtungsweise wurden in diesem Band diskutiert und mit Umsetzungsbeispielen illustriert.

Die Ausführungen lassen erkennen, dass internationale Trends der Haushaltsmodernisierung auch Deutschland, Österreich und die Schweiz erreicht haben. Die Umsetzung ist allerdings sehr unterschiedlich. Nicht nur der Umfang der Reformen variiert erheblich (von umfassend und integrativ angelegten Reformprojekten bis hin zu pilotmäßigen Erprobungen einzelner Instrumente), sondern vor allem auch die tatsächlich gewählten Ansätze und Instrumente. Während dies zum einen die grundsätzlich notwendige Übersetzung und Anpassung der Reformideen an unterschiedliche Kontexte widerspiegelt und Möglichkeiten für vertikale, horizontale und laterale Lerntransfers öffnet, besteht gleichzeitig die Gefahr, dass Vergleichbarkeit und Transparenz als zentrale Ziele der Haushaltsmodernisierung substanziell leiden.

Die Durchsetzung eines Mindestmaßes an Einheitlichkeit wird zum einen durch die institutionellen Rahmenbedingungen des Föderalismus erschwert; eine zentrale zukünftige Herausforderung ist in diesem Zusammenhang aber auch die Integration von „Kernhaushalten“ (Bund, Länder und Kommunalverwaltung) und von sogenannten „Nebenhaushalten“ (ausgegliederte Bereiche). Aus Governance-Gesichtspunkten rückt die Gesamtverantwortlichkeit in den Mittelpunkt; eine bessere Integration der gegenwärtig fragmentierten Bereiche wird auch durch internationale Anforderungen der Finanzstatistik (insbesondere das Europäische System der Volkswirtschaftlichen Gesamtrechnungen) und der Europäischen Fiskalunion erforderlich. Die bisherigen Ansätze zur Harmonisierung in Deutschland und Österreich sind jedenfalls nicht ausreichend.

Flexiblere und dezentrale Systeme sowie die Einführung neuer Instrumente führen nicht per se zu nachhaltiger und besserer Budgetpolitik; gelingt die praktische Verknüpfung, insbesondere auch zwischen Verwaltungsebene und politischem System bzw. innerhalb der Verwaltung nicht oder mangelhaft, besteht das Risiko paralleler Steuerungssysteme. Eine fehlende Integration birgt die Gefahr, dass Modernisierungsaktivitäten zu rein symbolischen Handlungen werden, die nur geringen

Nutzen stiften, aber erheblichen Zeit- und Ressourcenaufwand verursachen. Im schlimmsten Fall führen die neuen Instrumente zu einer Überformalisierung und Rebürokratisierung.

Haushaltsmodernisierung impliziert organisationale, technische und prozessbezogene Änderungen. Kompetenzen, Verantwortlichkeiten und Prozesse (Genehmigungen, Vorgaben, Zielvereinbarungen) sind an die neuen Steuerungsgegebenheiten zu adaptieren, eine neue Kooperationskultur der einzelnen Professionen („Haushälter", „Personalisten", „Fachbereiche", „Controller") ist erforderlich. Supportabteilungen, wie Haushalts- und Personalabteilung, haben in einem solchen System zunehmend eine Service- und Koordinierungsaufgabe und kooperieren mit den Fachbereichen, die die Managemententscheidungen im Rahmen einheitlicher Vorgaben und Systeme treffen. Neue Systeme zu etablieren, aber an den klassischen Prozessen nichts zu ändern, würde zu Doppelgleisigkeiten führen. In diesem Zusammenhang sind auch Regelungen, Genehmigungsvorbehalte oder Handlungsanweisungen für die Verwaltung zu durchforsten.

Modernisierungen des Haushaltswesens bieten die Chance, über Haushaltsprozesse hinaus Systemoptimierung zu betreiben. Der Nutzen integrierter Reformen ist umso größer, je besser es gelingt, „systematische Inseln" (Jagalla/Weber 2009, S. 26) zu reduzieren. Großes Augenmerk sollte darauf gelegt werden, Redundanzen und insbesondere Widersprüchlichkeiten zwischen Instrumenten wie der KLR, Performance Budgeting, Leistungskennzahlen oder Kontraktmanagement zu vermeiden. Die Höhe der Freiheitsgrade im Haushalt muss sich in jener für die Steuerung des Personals widerspiegeln. Andernfalls entstehen, wie Kapitel 5.3 gezeigt hat, Steuerungsschieflagen. In einem weiteren Schritt sollten die neuen Haushaltsmodelle sukzessiv mit dem Internen Kontrollsystem (IKS), dem Risikomanagement- und Qualitätsmanagement-System verbunden werden.

Was die vielfach angekündigte Veränderung der Steuerungskultur in der öffentlichen Verwaltung anlangt, scheinen die praktischen Auswirkungen der Reformen gerade in den stark legalistisch geprägten Verwaltungstraditionen in Deutschland und Österreich noch eher begrenzt zu sein. Ähnlich wie in internationalen Studien (vgl. insbesondere van Dooren/van de Walle 2008) zeigt sich das Problem der fehlenden Relevanz der neu gewonnenen Daten und Informationen sowohl in der Verwaltungspraxis als auch für die politische Steuerung. Inwieweit dies als ein Scheitern aufgrund unrealistischer Modellannahmen zu interpretieren ist (vgl. Bogumil et al. 2011; Holtkamp 2008b) oder auf die fehlende Integration der Reformen in ein Gesamtkonzept bzw. auf Implementierungsfehler zurückzuführen ist (vgl. Berens et al. 2007; Hilgers 2009), darüber bestehen unterschiedliche Ansichten. Grundsätzliche Diskussionen, wie etwa die in Deutschland intensiv geführte „Doppik-versus-Kameralistik"-Debatte, werden allerdings angesichts zunehmender Umsetzung bzw. neuer pragmatischer Mischformen in der Praxis weitgehend an Bedeutung verlieren. Ein mittlerweile sehr breites Spektrum an Umsetzungserfahrungen auf Länderebene in Deutschland, Österreich und der Schweiz bietet eine gute Voraussetzung dafür, den Fokus auf die Bedingungen einer erfolgreichen Umsetzung zu lenken.

Trotz erfolgreicher Implementierung bestehen auch in der politischen Praxis Hürden. Politische Akteure brauchen ein neues Verständnis von Beschlussobjekten des Haushalts, damit sich die Diskussion nicht ausschließlich auf die Vorgabe einzelner Titel im Voranschlag konzentriert, sondern der Haushalt als umfassende, grundsätzliche Vorgabe an die Verwaltung diskutiert wird. Dementsprechend bedarf es im Parlament einer Fokussierung auf die Haushaltskontrolle, sowohl finanziell als auch in Hinblick auf die Performance, um den Erfolg der Regierungsarbeit kritisch zu hinterfragen. Auch die Prüfungsmechanismen der Rechnungshöfe müssten angepasst werden. Allerdings bleiben Haushaltsprozesse stets genuin politische Prozesse. Politikgestaltung soll durch die neuen Steuerungsinstrumente auch nicht ersetzt, sondern unterstützt werden.

Nachhaltige Reformen des Finanz- und Haushaltswesens sind komplexe und zeitraubende Prozesse, bei denen Geduld, Zielstrebigkeit, Anpassungsfähigkeit und Fehlertoleranz notwendig sind. Neu steuern heißt bestehende Systeme kontinuierlich zu hinterfragen und zu verbessern und einen langen Atem zu haben – Wanna (2010a, S. 10) drückt es plakativ aus: „There is no endpoint to reform".

Abkürzungsverzeichnis

BIP	Bruttoinlandsprodukt
B-VG	Bundesverfassungsgesetz (Österreich)
COFOG	Classification of Functions of Government
EPOS-NRW	Einführung von Produkthaushalten zur outputorientierten Steuerung – Neues Rechnungswesen (Nordrhein-Westfalen)
ESVG	Europäisches System Volkswirtschaftlicher Gesamtrechnungen
FLAG	Führen mit Leistungsauftrag und Globalbudget (Schweiz)
HGB	Handelsgesetzbuch (Deutschland)
HGrG	Haushaltsgrundsätzegesetz (Deutschland)
HGrGMoG	Gesetz zur Modernisierung des Haushaltsgrundsätzegesetzes (Deutschland)
HRM	Harmonisiertes Rechnungsmodell (Schweiz)
IAFP	Integrierter Aufgaben- und Finanzplan (Schweiz)
IFRS	International Financial Reporting Standards
IKS	Internes Kontrollsystem
IMK	Innenministerkonferenz (Deutschland)
IPSAS	International Public Sector Accounting Standards
IWF/IMF	Internationaler Währungsfonds/International Monetary Fund
KGSt	Kommunale Gemeinschaftsstelle für Verwaltungsmanagement
KLR	Kosten- und Leistungsrechnung
MTEF	Medium-term Expenditure Framework
NFA	Neugestaltung des Finanzausgleichs (Schweiz)
NFB	Neues Führungsmodell Bund (Schweiz)
NHH	Neues Haushaltswesen Hamburg
NKR	Neues Kommunales Rechnungswesen (Kommunen Deutschland)
NKS	Neues Kommunales Steuerungsmodell (Kommunen Deutschland)
NPM	New Public Management
NRM	Neues Rechnungsmodell (Schweiz)
NSM	Neues Steuerungsmodell (Kommunen Deutschland)
NVS	Neue Verwaltungssteuerung (Hessen)
OECD	Organisation für wirtschaftliche Zusammenarbeit und Entwicklung
PPBS	Planning, Programming and Budgeting System
SWOT	Strengths, Weaknesses, Opportunities, Threats
VRV	Voranschlags- und Rechnungslegungsabschlussverordnung (Österreich)
WOV	Wirkungsorientierte Verwaltungsführung (Oberösterreich)
WoV	Wirkungsorientierte Verwaltungsführung (Schweiz)

Literatur

Adamaschek, B./Kröning, V./Timmer, R. 2011: Leistungsvergleiche nach Art. 91d GG. Vorschläge für Strukturen und Prozesse. Internet: http://www.bertelsmann-stiftung.de/cps/rde/xbcr/SID-28649F94-085D6344/bst/xcms_bst_dms_33727__2.pdf [zuletzt aufgesucht am 30.09.2012]

Anderson, B. 2009: The changing role of parliament in the budget process. In: OECD Journal on Budgeting, Vol. 9/No. 1, S. 37–47

Anessi-Pessina, E./Steccolini, I. 2007: Effects of budgetary and accruals accounting coexistence: Evidence from Italian local governments. In: Financial Accountability and Management, Vol. 23/No. 2, S. 113–131

Bach T./Fleischer, J./Hustedt, T. 2010: Organisation und Steuerung zentralstaatlicher Behörden. Agenturen im westeuropäischen Vergleich. Berlin

Bals, H. 2008: Neues kommunales Finanz- und Produktmanagement. Erfolgreich steuern und budgetieren (2. Auflage). Heidelberg

Bals, H. 2011: Neue Haushaltssteuerung. In: Blanke et al. 2011, S. 395–407

Balthasar, A./Thom, N./Rieder, S./Ritz, A./Lehmann, L. 2001: Evaluation FLAG. Gesamtbeurteilung im August 2001. Bern

Bauer, H./Biwald, P./Dearing, E. (Hg.) 2011: Gutes Regieren, Konzepte-Realisierungen-Perspektiven. Wien

Bayerischer Oberster Rechnungshof 2006: Jahresbericht 2006. München

Behn, R. 2003: Why measure performance? Different purposes require different measures. In: Public Administration Review, Vol. 63/No. 5, S. 586–606

Berens, W./Budäus, D./Buschor, E./Fischer, E./Lüder, K./Mundhenke, E./Streim H. 2007: Kamerales Haushalts- und Rechnungswesen in einem demokratischen Gemeinwesen nicht mehr vertretbar. 20 Thesen zum notwendigen Wechsel von der Kameralistik zu einer integrierten Verbundrechnung mit outputorientierter Budgetierung. Internet: http://reformruinekommunaledoppik.files.wordpress.com/2010/07/hamburger_thesen301107.pdf [zuletzt aufgesucht am 30.09.2012]

Bergmann, A. 2009: Public sector financial management. London

Bergmoser, U. 2011: Zweckgerechte Vitalisierung des Budgetrechts der Legislative. Berlin

Bertelsmann Stiftung/KGSt 2009: Manifest zum öffentlichen Haushalts- und Rechnungswesen in Deutschland. Mehr Transparenz, Effektivität und Effizienz in Politik und Verwaltungen durch ein einheitliches doppisches Haushalts- und Rechnungswesen. Berlin

Besendorfer, D./Dang, E.P./Raffelhüschen, B. 2005: Die Pensionslasten der Bundesländer im Vergleich: Status Quo und zukünftige Entwicklung. Institut für Finanzwissenschaft der Albert-Ludwigs-Universität Freiburg. Discussion Paper No. 129. Freiburg

Biwald, P./Rossmann, B. 2011: Öffentliches Finanzmanagement – Anforderungen und Erreichtes. In: Bauer et al. 2011, S. 128–156

Blanke, B./Nullmeier, F./Reichard, C./Wewer, G. (Hg.) 2011: Handbuch zur Verwaltungsreform (4. Auflage). Wiesbaden

Blöndal, J. R. 2005: The reform of public expenditure management systems in OECD countries. Internet: http://www.bancaditalia.it/studiricerche/convegni/atti/publ_expe/iv/785-808_blondal.pdf [zuletzt aufgesucht am 30.09.2012]

Bogumil, J./Ebinger, F./Holtkamp, L. 2011: Vom Versuch, das Neue Steuerungsmodell verpflichtend einzuführen. In: Verwaltung und Management, Jg. 17/Heft 4, S. 169–224

Bogumil, J./Grohs, S./Kuhlmann, S./Ohm, A. (Hg.) 2007: Zehn Jahre Neues Steuerungsmodell – Eine Bilanz kommunaler Verwaltungsmodernisierung, Modernisierung des öffentlichen Sektors. Berlin

Bos, F. 2008: The Dutch fiscal framework: History, current practice and the role of the central planning bureau. In: OECD Journal on Budgeting, Vol. 8/No. 1, S. 7–48

Bouckaert, G./Halligan, J. 2008: Managing performance. International comparisons. London, New York

Bowerman, M. 1998: The public sector financial management reforms: Confusions, tensions and paradoxes. In: Olson et al. 1998, S. 400–414

Bracht, H.-J. 2005: Budgetierung und Parlament. In: Verwaltung und Management, Jg. 11/Heft 5, S. 248–253

Brügelmann, R./Kroker, R./Schaefer, T. 2011: Faktencheck Schuldenbremse und Schuldencheck Bundesländer. Köln

Budäus, D. 1999: Von der Dominanz der Sachziele im öffentlichen Sektor zum System von Formalzielen als Grundlage zukünftiger Reformentwicklungen. In: Bräunig, D./Greiling, D. (Hg.): Stand und Perspektiven der Öffentlichen Betriebswirtschaftslehre, Berlin, S. 55–65

Budäus, D./Behm, C./Adam, A. 2004: Reformen des öffentlichen Haushalts- und Rechnungswesens in Deutschland. In: Verwaltung und Management, Jg. 10/Heft 5, S. 228–233

Budäus, D./Hilgers, D. 2009a: Der reformierte Staat. Neue Verfahren zur öffentlichen Ressourcenbewirtschaftung bei Bund und Ländern. In: Innovative Verwaltung, Jg. 31/Heft 2, S. 7–9

Budäus, D./Hilgers, D. 2009b: Reform des öffentlichen Haushalts- und Rechnungswesens in Deutschland. Konzepte, Umsetzungsstand und Entwicklungsperspektiven. In: Zeitschrift für Planung und Unternehmenssteuerung (ZP), Jg. 19, Sonderheft, S. 377–396

Budäus, D./Hilgers, D. 2011: Öffentliches Rechnungswesen. In: Blanke et al. 2011, S. 419–428

Bühler, B. 2002: Von Outputs zu Outcomes. Internationale Erfahrungen mit outcomeorientierter Steuerung. In: Verwaltung und Management, Jg. 8/Heft 5, S. 273–278

Bundeskanzleramt 2009: Österreichisches Reformprogramm für Wachstum und Beschäftigung, Implementierungsbericht 2009. Wien

Bundeskanzleramt (in Kooperation mit den Mitgliedern der Arbeitsgruppe und der Firma INFORA) 2003: Pilotprojekt Flexibilisierungsklausel – Abschlussbericht. Wien

Busemeyer, M./Wintermann, O. 2011: Das Haushaltsaufstellungsverfahren als Ansatzpunkt einer Konsolidierungsstrategie. Gütersloh

Cave, M./Kogan, M./Smith, R. (eds.) 1990: Output and performance measurement in government: The State of the Art. London

Christensen, T./Lægreid, P. (eds.) 2006: Autonomy and regulation. Coping with agencies in the modern state. Cheltenham

Csoka, S. 1998: Haushaltsrechtliche Rahmenbedingungen des New Public Management in Österreich. In: Neisser, H./Hammerschmid, G. (Hg.): Die innovative Verwaltung. Perspektiven des New Public Management in Österreich. Wien, S. 389–419

Czepiel, A. 2009: Reform des Öffentlichen Dienstes. In: Hill 2009, S. 61–82

Danish Ministry of Finance 2006: Introduction to a cost-based appropriations system. Konzept des dänischen Finanzministeriums. Internet: http://blog-pfm.imf.org/pfmblog/files/denmark_costbased_approp_system.DOC [zuletzt aufgesucht am 30.09.2012]

Daum, J. (Hg.) 2005: Beyond Budgeting: Impulse zur grundlegenden Neugestaltung der Unternehmensführung und -steuerung. München

Demmke C./Hammerschmid, G./Meyer, R. 2007: Decentralisation and accountability as focus of public administration modernisation. Maastricht

van Dooren, S./van de Walle, W. (eds.) 2008: Performance information in the public sector. New York

van Dooren, S./Bouckaert, G./Halligan, J. 2010: Performance management in the public sector. London

Drucker, P. F. 1978: Adventures of a bystander. New York

Edeling, T./Jann, W./Wagner, D. (Hg.) 2007: Modern Governance. Koordination und Organisation zwischen Konkurrenz, Hierarchie und Solidarität. Wiesbaden

Eidgenössisches Finanzdepartement EFD 2004: NFA Faktenblatt 1: Mängel der heutigen Aufgabenteilung Bund/Kantone und im Transfersystem. Internet: http://www.efv.admin.ch/d/downloads/finanzpolitik_grundlagen/finanzausgleich/faktenblaetter/01-NFA_Faktenblatt_1_mngel_b-kt_d.pdf [zuletzt aufgesucht am 30.09.2012]

Eidgenössische Finanzverwaltung 2012: FLAG – Führen mit Leistungsauftrag und Globalbudget. Internet: www.flag.admin.ch [zuletzt aufgesucht am 30.09.2012]

European Commission 2009: Public finances in EMU 2009. Office for official publications of the European communities. Internet: http://ec.europa.eu/economy_finance/publications/publication15390_en.pdf [zuletzt aufgesucht am 30.09. 2012]

Fleischmann, E. 2001: Neue Steuerungslogik für die Haushaltsführung: Autonome Organisationseinheiten gemäß Flexibilisierungsklausel. In: Das öffentliche Haushaltswesen in Österreich (ÖHW), Jg. 41/Heft 1–3, S. 22–31

Franzke, J./Kleger, H. 2010: Bürgerhaushalte. Chancen und Grenzen. Schriftenreihe Modernisierung des öffentlichen Sektors, Bd. 36. Berlin

Geißler, R. 2012: Neue Steuerungsinstrumente in den Landesverwaltungen. Eine Einschätzung auf Grundlage von Rechnungshofberichten. Konferenzpapier präsentiert am Internationalen Public Management Forschungscolloquium. Universität Hamburg

Greve, C./Flinders, M./van Thiel, S. 1999: Quangos – what's in a name? Defining quangos from a comparative perspective. In: Governance, Vol. 12/No. 2, S. 129–146

Gruber, P./Kaltenbrunner, G./Pesendorfer, E. 2011: WOV 2021 – Konzepte, Erreichtes, Ausblick. In: Bauer et al. 2011, S. 183–194

Hammerschmid, G./Meyer, R. 2005: New Public Management in Austria – local variations of a global theme? In: Public Administration, Vol. 83/No. 3, S. 709–733

Hammerschmid, G./Egger-Peitler, I. 2008: Kontraktmanagement an der Schnittstelle von Politik und Verwaltung – aktuelle Erfahrungen der Stadt Wien. In: Schweizerische Staatsschreiberkonferenz (Hg.): Perspektive Staat, Herausforderungen für staatliche Führungskräfte. Zürich, S. 192–201

Hammerschmid, G./Egger-Peitler, I./Höllerer, M. A. 2008: Evaluierung des Instruments der Flexibilisierungsklausel. Internet: http://www.bka.gv.at/docview.axd?cobid=31052 [zuletzt aufgesucht am 30.09.2012]

Hammerschmid, G./Proeller, I./Reichard, C./Röber, M. 2010a: Verwaltungsführung heute: Ergebnisse einer Führungskräftebefragung in der deutschen Ministerialverwaltung. Berlin

Hammerschmid, G./Krischok, A./Steigenberger, K. 2010b: Projektbericht Public Corporate Governance. Steuerung und Kontrolle von Ausgliederungen und anderen Formen (semi)autonomer öffentlicher Organisationen, Jubiläumsfondsprojekt Nr. 13025. Wien

Hammerschmid, G./Krischok, A./Steigenberger, K. 2011: Austria. In: Verhoest et al. 2011a, S. 152–165

Harms, J. 2006: Die Verwaltungsreform in Berlin: Eine Zwischenbilanz. In: Wollmann, H. (Hg.): Public Management: Grundlagen, Wirkungen, Kritik. Berlin, S. 335–348

Hausner, K. H./Simon, S. 2009: Die neue Schuldenregel in Deutschland und die Schuldenbremse der Schweiz. In: Wirtschaftsdienst, Jg. 89/Heft 4, S. 265–271

Hawke, L. 2007: Performance budgeting in Australia. In: OECD Journal on Budgeting, Vol. 7/No. 9, S. 133–147

Hawke, L./Wanna J. 2010: Australia after budget reform. A lapsed pioneer or decorative architect? In: Wanna et al. 2010, S. 65–90

Hechtner, E. 2011: Public Management – Der Wiener Weg: Erfahrungen und Ausblicke. In: Bauer et al. 2011, S. 621–627

Hilgers, D. 2009: Management by Performance – Konturen und Instrumente eines leistungsorientierten Verwaltungsmanagements. In: der moderne Staat – Zeitschrift für Public Policy, Recht und Management, Jg. 2/Heft 2, S. 434–454

Hilgers, D. 2011: Kosten- und Leistungsrechnung in der öffentlichen Verwaltung. In: Blanke et al. 2011, S. 428–436

Hill, H. (Hg.) 2009: Verwaltungsmodernisierung im europäischen Vergleich. Baden-Baden

Holtkamp, L. 2008a: Bürgerhaushalt. In: Kersting, N. (Hg.): Politische Beteiligung. Einführung in dialogorientierte Instrumente politischer und gesellschaftlicher Partizipation. Schriftenreihe Bürgergesellschaft und Demokratie, Bd. 28. Wiesbaden, S. 222–235

Holtkamp, L. 2008b: Das Scheitern des Neuen Steuerungsmodells. In: der moderne Staat – Zeitschrift für Public Policy, Recht und Management, Jg. 1/Heft 2, S. 423–446

Hood, C. 1991: A public management for all seasons? In: Public Administration, Vol. 69/No. 1, S. 3–19

Huemer, U. 2009: Zur kritischen Analyse am Haushaltswesen in den Bundesländern. In: Das öffentliche Haushaltswesen in Österreich (ÖHW), Jg. 50–51/Heft 3–4, S. 160–165

Huemer, U. 2010: Globalbudgetierung – ein Spannungsverhältnis zu den Budgetprinzipien der zeitlichen und sachlichen Spezialität? In: Klug, F. (Hg.): Haushaltsreform aus der Sicht der Städte und Gemeinden. IKW-Schriftenreihe. Linz, S. 33–44

Institut für den öffentlichen Sektor (Hg.) 2012: Haushaltsmodernisierung in den Bundesländern – Vielfältige Reformpfade. Berlin

INTOSAI (Richtlinienkomitee für die interne Kontrolle) 2004: Richtlinien für die internen Kontrollnormen im Öffentlichen Sektor. Budapest

IPSASB 2009: Reporting on the long-term sustainability of public finances. Consultation Paper November 2009. Internet: http://www.ifac.org/sites/default/files/publications/exposure-drafts/00329.pdf [zuletzt aufgesucht am 30.09.2012]

Jagalla, T./Weber, J. 2009: Best Practices für die Doppik-Einführung in Bundesländern. Internet: http://isprat.net/fileadmin/downloads/pdfs/publikation_doppik.pdf [zuletzt aufgesucht am 30.09.2012]

Jann, W. 2005: Governance als Reformstrategie – Vom Wandel und der Bedeutung verwaltungspolitischer Leitbilder. In: Schuppert, G. F. (Hg.): Governance-Forschung. Vergewisserung über Stand und Entwicklungslinien. Baden-Baden

Jann, W. 2011: Das Neue Steuerungsmodell. In: Blanke et al. 2011, S. 98–107

Jann, W./Döhler, M. (Hg.) 2007: Agencies in Westeuropa. Wiesbaden

Jensen, L./Nielsen, D. 2010: Budget reforms in Denmark: Unheralded but nevertheless effective. In: Wanna et al. 2010, S. 193–220

Jordan, D. 2007: Die Verwaltungsreform ist beendet? In: Verwaltung und Management, Jg. 13/Heft 1, S. 22–27

Kalatschan, M. 2008: Performance Budgeting. Grundlagen – Ansätze – Effekte. Linz

KGSt 1993: Das neue Steuerungsmodell. Begründungen. Konturen. Umsetzungen, KGSt-Bericht Nr. 5/93. Köln

Kantonsrat St. Gallen 2011: Aufgaben- und Finanzplan 2012-2014 des Kantons St. Gallen. Botschaft der Regierung mit Beilagen. St. Gallen

Kim, J. M. (ed.) 2007a: From line-item to program budgeting. Global lessons and the Korean case. Seoul

Kim, J. M. 2007b: Introduction: The transition to program budgeting. In: Kim 2007a, S. 13–22

Kim, D. Y./Dorotinsky, W./Sarraff, F./Schick, A. 2007: Paths toward successful introduction of program budgeting in Korea. In: Kim 2007a, S. 23–134

Kirchgässner, G. 2011: Nachhaltige Finanzpolitik im föderalen Staat: Die Sicht der Schweiz. Referat im Rahmen des Workshops „Fiscal Policy Councils“ des Staatsschuldenausschusses. Wien

Kolbe, P. 2006: Public Corporate Governance. Grundsätzliche Probleme und Spannungsfelder der Überwachung öffentlicher Unternehmen. In: Birkholz, K./Maaß, C./von Maravic, P./Siebert, P. (Hg.): Public Management – Eine neue Generation von Wissenschaft und Praxis. Potsdam, S. 61–74

Konzendorf, G. 2011: Gesetzesfolgenabschätzung. In: Blanke et al. 2011, S. 135–143

KPMG 2008: Doppik schlägt Kameralistik. Fragen und Antworten zum doppischen Haushalts- und Rechnungswesen (5. Auflage). Internet: http://www.uni-muenster.de/imperia/md/content/wwu/organisation/verwaltung/ivr/info_1.pdf [zuletzt aufgesucht am 30.09.2012]

Kraan, D.-J. 2007: Programme budgeting in OECD Countries. In: OECD Journal on Budgeting, Vol. 7/No. 4, S. 7–47

Kroll, A./Küchler-Stahn, N. 2009: Performance Management in der öffentlichen Verwaltung. Zwischen Idealismus und Pragmatismus – Ein erweiterter Literaturbericht. In: der moderne Staat – Zeitschrift für Public Policy, Recht und Management, Jg. 1/Heft 2, S. 475–490

Küchler-Stahn, N./Siegel, J. P. 2010: Fünf Thesen zur Weiterentwicklung der kommunalen Haushaltssteuerung. In: Verwaltung und Management, Jg. 16/Heft 6, S. 304–310

Kurella, S. 2009: Performance Pay. In: Hill 2009, S. 83–90

Landes-Rechnungshof Vorarlberg 2008: Prüfbericht über die Kosten- und Leistungsrechnung im Amt der Vorarlberger Landesregierung. Dornbirn

Lannaud, B. 2007: Performance in the new French budget system. In: Robinson 2007a, S. 193–210

Lienhard, A./Ladner, A./Ritz A./ Steiner, R. (Hg.) 2005: 10 Jahre New Public Management in der Schweiz. Bilanz, Irrtümer und Erfolgsfaktoren. Bern

Ljungman, G. 2007: The medium-term fiscal framework in Sweden. In: OECD Journal on Budgeting, Vol. 6/No. 3, S. 93–109

Lüder, K. 1992: A contingency model of governmental accounting innovations in the political-administrative environment. In: Research in Governmental and Nonprofit Accounting, Vol. 7, S. 99–127

Lüder, K. 1994: The ‚contingency model' reconsidered: Experiences from Italy, Japan and Spain. In: Buschor, E./Schedler, K. (eds.): Perspectives on performance measurement. Bern, S. 1–15

Lüder, K. 1999: Konzeptionelle Grundlagen des neuen kommunalen Rechnungswesens (Speyerer Verfahren) (2. Auflage). Stuttgart

Lüder, K. 2001: Neues öffentliches Haushalts- und Rechnungswesen. Anforderungen, Konzept, Perspektiven. Berlin

Lüder, K. 2002: Kosten- und Leistungsrechnung in öffentlichen Verwaltungen als Bestandteil eines reformierten öffentlichen Rechnungswesens. In: Keuper, F. (Hg.): Produktion und Controlling. Wiesbaden, S. 493–507

Lüder K./Jones, R. (eds.) 2003: Reforming governmental accounting and budgeting in Europe. Frankfurt/M.

Lynn, L./Heinrich, C./Hill, C. 2001: Improving governance. A new logic for empirical research. Washington

Mäding, H./Holtkamp, L. 2011: Öffentliche Haushalte zwischen demokratischer Steuerung und administrativer Effizienz. In: Blanke et al. 2011, S. 408–418

Mayntz, R. 2009: Über Governance. Frankfurt/M.

Mehde, V. 2011: Rechtliche Rahmenbedingungen der Verwaltungsreformen. In: Blanke et al. 2011, S. 20–30

Meyer, R./Hammerschmid, G. 2010: The degree of decentralization and individual decision-making in central government HRM: A European comparative perspective. In: Public Administration, Vol. 88/No. 2, S. 455–478

Meyer, R./Leixnering, S. 2011: Controlling – Kontrolle: Begriffserklärung aus Sicht der Betriebswirtschaftslehre. In: Kommunalwissenschaftliche Gesellschaft (Hg.): Controlling & Kontrolle. Wien, S. 1–16

Ministère de l'Économie, des Finances et de l'Industrie 2011: Budget Reform and State. Internet: http://www.performance-publique.budget.gouv.fr/fileadmin/medias/documents/ressources/comparaisons_internationales/reforme_budgetaire_anglais.pdf [zuletzt aufgesucht am 30.09.2012]

Mohr, E. 2009: Aktuelle Regeln und Anwendungen des Haushaltswesens beim Land Vorarlberg. In: Das öffentliche Haushaltswesen in Österreich (ÖHW), Jg. 50–51/Heft 3–4, S. 166–175

Moynihan, D. 2008: The dynamics of performance management. Constructing information and reform. Washington

Mühlenkamp, H./Glöckner, A. 2009: Rechtsvergleich kommunale Doppik – Eine Synopse und Analyse ausgewählter Themenfelder des neuen, doppischen kommunalen Haushaltsrechts der Bundesländer. Speyer

Müller-Marqués Berger, T. 2008: Internationale Rechnungslegung für den öffentlichen Sektor IPSAS. Grundlagen und Einzeldarstellungen. Stuttgart

Naschold, F./Jann, W./Reichard, C. 1999: Innovation, Effektivität, Nachhaltigkeit: Internationale Erfahrungen zentralstaatlicher Verwaltungsreform. Berlin

Nasi, G./Steccolini, I. 2008: Implementation of accounting reforms. An empirical investigation into Italian local governments. In: Public Management Review, Vol. 10/No. 2, S. 175–196

Nullmeier, F. 2011: Output-Steuerung und Performance Measurement. In: Blanke et al. 2011, S. 465–475

OECD 1995: Governance in transition: Public management reforms in OECD countries. Paris

OECD 2002: Best practices for budget transparency. In: OECD Journal on Budgeting, Vol. 1/No. 3, S. 7–14

OECD 2004: OECD principles of corporate governance. Internet: http://www.oecd.org/dataoecd/57/19/32159487.pdf [zuletzt aufgesucht am 30.09.2012]

OECD 2005: Modernising government. The way forward. Internet: http://www.oecd.org/document/15/0,3343,en_2649_33735_35405455_1_1_1_1,00.html [zuletzt aufgesucht am 30.09.2012]

OECD 2007: Performance budgeting in OECD countries. Internet: http://www.oecd.org/document/38/0,3746,en_2649_33735_39921702_1_1_1_1,00.html [zuletzt aufgesucht am 30.09.2012]

OECD 2010: Restoring fiscal sustainability: Lessons for the public sector. Internet: http://www.oecd.org/dataoecd/1/60/44473800.pdf [zuletzt aufgesucht am 30.09.2012]

Olson, O./Guthrie, J./Humphrey, C. (eds.) 1998: Global warning: Debating international developments in new public financial management. Oslo

Olson, O./Guthrie, J./Humphrey, C. 1998a: International experiences with ‚new' public financial management (NPFM) reforms: New world? Small world? Better world? In: Olson et al. 1998, S. 17–48

Olson, O./Guthrie, J./Humphrey, C. 1998b: Growing accustomed to other faces. The global themes and warnings of our project. In: Olson et al. 1998, S. 435–466

Osborne, S. (ed.) 2010. The new public governance? Emerging perspectives on the theory and practice of public governance. Abingdon

Pfläging, N. 2003: Beyond Budgeting, Better Budgeting. Ohne feste Budgets zielorientiert führen und erfolgreich steuern. Freiburg

Pitsvada, B./LoStracco, F. 2002: Performance budgeting – the next budgetary answer. But what is the question? In: Journal of Public Budgeting, Accounting and Financial Management, Vol. 14/No. 1, S. 53–73

Poister, T./Streib, G. 1999: Performance measurement in municipal government: Assessing the state of the practice. In: Public Administration Review, Vol. 59/No. 4, S. 325–335

Pollitt, C. 2001: Integrating financial management and performance management. In: OECD Journal on Budgeting, Vol. 1/No. 2, S. 7–37

Pollitt, C. 2005: Performance management in practice: A comparative study of executive agencies. In: Journal of Public Administration Research and Theory, Vol. 16/ No. 1, S. 25–44

Pollitt, C./Bouckaert, G. 2011: Public management reform: A comparative analysis (3. Auflage). Oxford

Pollitt, C./Talbot, C./Caulfield, J./Smullen, A. 2004: Agencies: How governments do things through semi-autonomous organizations. Basingstoke

Posner, P./Park, C.-K. 2007: Role of the legislature in the budget process: Recent trends and innovations. In: OECD Journal on Budgeting, Vol. 7/No. 3, S. 77–102

Prigge, R./Prange, M./Bovenschulte, A. 1999: Die Stadtstaaten im Modernisierungsfieber? Bedingungen und Strategien der Modernisierung in Berlin, Hamburg und Bremen. Bremen

Proeller, I./Siegel J. P. 2009: Performance Management in der öffentlichen Verwaltung – Eine explorative Einschätzung. In: der moderne Staat – Zeitschrift für Public Policy, Recht und Management, Jg. 2/Heft 2, S. 455–474

Promberger, K./Greil, L./Nadeje, M. 2008: Evaluation der Verwaltungsmodernisierung in Österreich am Beispiel des Pilotprojekts der Flexibilisierungsklausel. Innsbruck

Promberger, K./Greil, L./Simon, M. 2005: Pilotprojekt Flexibilisierungsklausel. Ein österreichischer Weg zum New Public Management. Graz

Raffelhüschen, B./Hagist, C./Benz, T. 2009: Ausgabenprojektion und Reformszenarien der Beamtenversorgung in Niedersachsen. Studie im Auftrag des Bundes der Steuerzahler Bremen und Niedersachsen. Bremen

Rauskala, I./Bergmann, A./Fuchs, S. 2012: 30 Jahre Doppik in der Schweiz – eine Bilanz. In: Verwaltung und Management, Jg. 18/Heft 3, S. 127–130

Rechnungshof 2009: Bericht des Rechnungshofes: Reihe Vorarlberg, 2009/3. Internet: http://www.rechnungshof.gv.at/berichte/ansicht/detail/haushaltsstruktur-der-laender.html [zuletzt aufgesucht am 30.09.2012]

Rechnungshof 2010: Bericht des Rechnungshofes: Reihe Oberösterreich, 2010/5. Internet: http://www.rechnungshof.gv.at/berichte/ansicht/detail/haushaltsstruktur-der-laender-8.html [zuletzt aufgesucht am 30.09.2012]

Rechnungshof 2011a: Bericht des Rechnungshofes: Grundlagen der Fiskalpolitik, 2011/5. Internet: http://www.rechnungshof.gv.at/berichte/ansicht/detail/grundlagen-der-fiskalpolitik.html [zuletzt aufgesucht am 30.09.2012]

Rechnungshof 2011b: Bericht des Rechnungshofes: Verwaltungsreform 2011, 2011/13. Internet: http://www.rechnungshof.gv.at/berichte/ansicht/detail/verwaltungsreform-2011-9.html [zuletzt aufgesucht am 30.09.2012]

Reichard, C. 1994: Umdenken im Rathaus. Neue Steuerungsmodelle in der deutschen Kommunalverwaltung. Berlin

Reichard, C. 2002: Performance Management. In: Eichhorn, P./Friedrich, P./Jann, W. (Hg.): Verwaltungslexikon (3. Auflage). Baden-Baden, S. 794–795

Reichard, C. 2008: Regieren mit Budgetierung. In: Jann, W./König, K. (Hg.): Regieren zu Beginn des 21. Jahrhunderts. Tübingen, S. 377–406

Reichard, C./Bals, H. 2002: Resource-based accounting and output-budgeting as common patterns of public sector financial management reforms. In: Bräuning, D./Eichhorn, P. (eds.): Evaluation and accounting standards in Public Management. Proceedings of the 3rd International Public Sector Management Symposium. Baden-Baden, S. 137–151

Ritz, A. 2003: Evaluation von New Public Management. Grundlagen und empirische Ergebnisse der Bewertung von Verwaltungsreformen in der schweizerischen Bundesverwaltung. Bern, Stuttgart, Wien

Robertson, R. 1995: Glocalization: Time-space and homogeneity-heterogeneity. In: Featherstone M./Lash, S./Robertson, R. (eds.): Global modernities. London, S. 25–44

Robinson, M. (ed.) 2007a: Performance budgeting. Linking funding and results. New York

Robinson, M. 2007b: Performance models and mechanisms. In: Robinson 2007a, S. 1–20

Robinson, M. 2007c: Purchaser-provider systems. In: Robinson 2007a, S. 296–311

Robinson, M. 2007d: Informing performance budgeting. In: Robinson 2007a, S. 21–25

Robinson, M. 2007e: Making performance budgeting work. In: Robinson 2007a, S. 113–127

Robinson, M./van Eden H. 2007: Program classification. In: Robinson 2007a, S. 63–87

Rubin, I. S. 2006: The politics of public budgeting: Getting and spending, borrowing and balancing (5. Auflage). Washington

Rubin, I. S./Kelly, J. 2007: Budget and accounting reforms. In: Ferlie, E./Lynn, L.E./ Pollitt, C. (ed.): The Oxford Handbook of Public Management. Oxford, S. 563–590

Sarraf, F. 2007: A practical and initial approach to the introduction of program-oriented government. In: Kim 2007a, S. 185–219

Schauer, R. 2008: Eine Reform des Öffentlichen Rechnungswesens ist überfällig. In: Österreichische Verwaltungswissenschaftliche Blätter, Jg. 8/Heft 2, S. 2–4

Schedler, K./Proeller, I. 2009: New Public Management (4. Auflage). Bern, Stuttgart, Wien

Schedler, K./Summermatter, L. 2009: Der Integrierte Aufgaben- und Finanzplan als Instrument der mittelfristigen Steuerung in der Schweiz. In: der moderne Staat – Zeitschrift für Public Policy, Recht und Management, Jg. 2/Heft 2, S. 391–410

Schick, A. 2007: Performance budgeting and accrual budgeting: Decision rules or analytic tools? In: OECD Journal on Budgeting, Vol. 7/No. 2, S. 109–138

Schick, A. 2009: Budgeting for fiscal space. In: OECD Journal on Budgeting, Vol. 9/ No. 2, S. 7–24

Schliemann, H. 2009: Von der Schuldenbremse zur Normenbremse. In: Zeitschrift für Rechtspolitik, Jg. 42/Heft 7, S. 193–195

Schwarting, G. 2009: Haushaltsausgleich im Sinne der intergenerativen Gerechtigkeit. In: Innovative Verwaltung, Jg. 31/Heft 2, S. 5–6

Schweizerischer Bundesrat 2000: Botschaft zur Schuldenbremse. In: Bundesblatt, Nr. 35, S. 4653–4726

Schweizerischer Bundesrat 2001: Bericht über das Führen mit Leistungsauftrag und Globalbudget – Evaluation und weiteres Vorgehen (Evaluationsbericht FLAG) vom 19. Dezember 2001. Bern

Seiwald, J./Meyer, R. 2012: Familienähnlichkeiten und -unterschiede: Haushaltsreformen in Österreich und Deutschland im Vergleich. In: Verwaltung und Management, Jg. 18/Heft 3, S. 122–126

Smith, P. 1995: Performance indicators and control in the public sector. In: Berry A.J./ Broadbent, J./Otley, D. (Hg): Management control: Theories, issues and practices. Basingstoke, S. 163–178

Smith, P.C. 2007: Formula funding and performance budgeting. In: Robinson 2007a, S. 272–295

Snell, R. 2011: Annual and biennial budgeting: The experience of state governments, national conference of state legislatures. Internet: http://www.ncsl.org/documents/fiscal/BiennialBudgeting_May2011.pdf [zuletzt aufgesucht am 30.09.2012]

Staatsschuldenausschuss 2009: Aktuelle Regeln und Anwendungen des Haushaltswesens in den Bundesländern: eine kritische Analyse. Wien

Städtetag/pwc 2011: Evaluierung der Reform des kommunalen Haushalts- und Rechnungswesens. Berlin

Steger, G. 2005: Erfolgreich führen in der öffentlichen Verwaltung: eine praxisorientierte Steuerungshilfe. Wien

Steger, G. 2007: Die Erneuerung der Verfassungsgrundlagen für die Haushaltsführung des Bundes. In: Das öffentliche Haushaltswesen in Österreich (ÖHW), Jg. 48/ Heft 1–2, S. 5–13

Steger, G. 2008: Ziele und Umsetzung der Haushaltsrechtsreform des Bundes. In: Das öffentliche Haushaltswesen in Österreich (ÖHW), Jg. 49/Heft 1–2, S. 5–9

Steger, G. 2010: Austria's budget reform: How to create consensus for a decisive change of fiscal rules. In: OECD Journal on Budgeting, Vol. 10/No. 1, S. 7–20

Steiner, W. 2011: Das Bundeshaushaltsgesetz 2013 und seine Auswirkungen auf die Gesetzesfolgenabschätzung. In: Zeitschrift für Verwaltung, Jg. 36/Heft 3, S. 356–363

Tarschys, D. 2009: The challenge of decremental budgeting. In: OECD Journal on Budgeting, Vol. 9/No. 2, S. 1–10

Tat-Kei Ho, A. 2010: Budget reforms in the United States: A „perfect storm" for a new wave of deficit-reduction reforms. In: Wanna et al. 2010, S. 18–34

Verhoest, K./Peters, G./Bouckaert, G./Verschuere, B. 2004: The study of organisational autonomy: A conceptual and methodological review. In: Public Administration and Development, Vol. 24/No. 2, S. 101–118

Verhoest, K./Roness P. G./Verschuere, B./Rubecksen, K./MacCarthaigh, M. 2010: Autonomy and control of state agencies. Houndmills

Verhoest, K./van Thiel, S./Bouckaert, G./Lægreid, P. (eds.) 2011a: Government agencies: Practices and lessons from 30 countries. Houndmills

Verhoest, K./van Thiel, S./Bouckaert, G./Lægreid, P. 2011b: Governing public agencies in the 21st century: International lessons and policy recommendations by the COST action IS0601. Brussels

Verschuere, B./Verhoest, K./Meyers, F./Peters, B.G. 2007: Accountability and accountability arrangements in public agencies. In: Christensen/Lægreid 2007, S. 268–327

de Vries, J./ Bestebreur, T. 2010: Budget reform in the Netherlands: Sadder but much wiser now. In: Wanna et al. 2010, S. 221–239

Walker, R./Boyne, G.A./Brewer, G.A. (eds.) 2010: Public management and performance. Research directions. Cambridge

van de Walle, S./van Dooren, W. 2008: Introduction: Using public sector performance information. In: van Dooren/van de Walle 2008, S. 1–10

Wanna, J./Jensen, L./de Vries, J. (eds.) 2010: The reality of budgetary reform in OECD nations. Trajectories and consequences. Cheltenham, Northhampton

Wanna, J. 2010a: Investigating the reality of reform in modern budgeting. In: Wanna et al. 2010, S. 1–17

Wanna, J. 2010b: The work in progress of budgetary reform. In: Wanna et al. 2010, S. 281–298

Wildavsky, A. 1964: The politics of the budgetary process (4. Auflage: 1986). Boston

Ziegler, N./Winkler, J. 2003: Dezentrale Budgetverantwortung mit Kosten- und Leistungsrechnung. In: Verwaltung und Management, Jg. 9/Heft 1, S. 37–39

Verzeichnis der Abbildungen, Boxen und Tabellen

Abbildungen

Boxen

Tabellen

– bitte beachten Sie auch die folgende Seite –